Anselm Grün • Stefan Müller

Zeit für Veränderung

Anselm Grün • Stefan Müller

Zeit für *Veränderung*

Berufung und Beruf im Einklang

Vier-Türme-Verlag

Bibliografische Information der Deutschen Nationalbibliothek

Die Deutsche Nationalbibliothek verzeichnet diese Publikation in der Deutschen Nationalbibliografie. Detaillierte bibliografische Daten sind im Internet über http://dnb.d-nb.de abrufbar.

FSC
www.fsc.org
MIX
Papier aus verantwortungsvollen Quellen
FSC® C014889

2. Auflage 2015

Covergestaltung: Thomas Ulig, www.coverdesign.net
Covermotiv: Sandra Cunningham / Fotolia.com
Druck und Bindung: Pustet, Regensburg
ISBN 978-3-89680-912-4

www.vier-tuerme-verlag.de

INHALT

STEFAN MÜLLER

Vorwort

Es ist noch gar nicht so lange her, da war das Spektrum möglicher Berufe für den Einzelnen auf vielfältige Weise begrenzt. Es gab eine überschaubare Anzahl handwerklicher Berufe und eine recht plakative Aufteilung der wählbaren Studiengänge. Und es gab eine Menge an Restriktionen: Regionale Einschränkungen, begrenzte Kapazitäten an Bildungseinrichtungen, finanzielle Zwänge, Vorgaben der Eltern, der eigene Betrieb als Verpflichtung und so weiter. Es gab Berufe, die einen guten Ruf hatten und als »sicher« galten, und solche, die gesellschaftlich weniger geachtet wurden. Es gab geschlechterspezifische Vorstellungen, altersbezogene Zugangsmöglichkeiten und -grenzen und klare familiäre Rollenverteilungen.

Wenn ein junger Mensch heute einen Beruf wählen soll, steht er vor einer fast unüberschaubaren Vielfalt an Angeboten. Mobilität ist einfacher geworden, das Bildungsangebot und die verschiedenen Bildungswege ermöglichen individuelle Entwicklungsschritte und -tempi. Allerdings hat gerade wieder eine Studie ermittelt, dass immer noch die überwiegende Mehrheit der Studenten aus Akademikerfamilien kommt. Der Zugang zu den meist besser ausgestatteten privaten Bildungseinrichtungen ist nach wie vor vom Geldbeutel der Eltern abhängig, und der familiäre Druck zur Nachfolge im eigenen Unternehmen ist ebenfalls nicht überall verschwunden, bisweilen aber auch eine auf den ersten Blick bequeme Lösung.

Fast gänzlich verschwunden ist hingegen die informelle soziale Vereinbarung, dass ein Arbeitgeber sich nur dann von einem guten Mitarbeiter trennt, wenn dieser »goldene Löffel geklaut hat«. Auch jene Unternehmen, die über viele Jahrzehnte als absolut verlässlicher Arbeitgeber galten, auch jene Branchen, in denen man ein ganzes Berufsleben berechenbar gestalten konnte, bieten heute nur noch eine Partnerschaft auf Zeit.

Zudem kommen und gehen Berufsbilder heute in viel kürzeren Zyklen, die technologische Entwicklung erfordert eine Zeitlang Qualifikationen, die anschließend wieder überflüssig werden. Die Internationalität zwingt einerseits zur Anpassung an Rituale und Kulturen und zur Öffnung für gänzlich neue Herausforderungen, mahnt aber auch zur Wahrnehmung und Wahrung der eigenen Identität. Qualitäten und Qualifikationen verlieren oder gewinnen an Bedeutung, Erfahrung schien eine Zeitlang nebensächlich und bekommt in jüngster Zeit wieder einen höheren Stellenwert.

Berufliche Orientierung bedeutet also in den meisten Fällen das Einschlagen einer Richtung, die sich im Laufe des Berufslebens mehrfach entwickeln, aber auch gänzlich verändern kann. Berufliche *Neu*orientierung ist damit zur Normalität unseres Lebens geworden.

Eine Bekannte sagte mir vor Kurzem, dass die allermeisten ihrer Freunde im Alter zwischen Ende 20 und Mitte 30 ihre jetzige Tätigkeit nur als Job auf Zeit erleben, keineswegs als berufliches Ziel oder gar als persönliche Erfüllung. Sie sagte das – selbst auf der Suche – mit einem Ausdruck tiefen Bedauerns.

In einem Umfeld der Unberechenbarkeit wird es immer wichtiger, seinen eigenen Weg zu finden und die Aufgabe zu erkennen, die innere Befriedigung verschafft und dem Leben einen ganz persönlichen Sinn gibt.

Wer aber hilft dabei, diesen Beruf zu finden? Diese Berufung, von der Pater Anselm Grün spricht, diese jetzt, hier und für die absehbare Zukunft genau zu mir persönlich passende Aufgabe, diese Kernkompetenz, die mehr ist als ein Job auf Zeit? Die mich ein Stück weit unabhängig macht von der Beurteilung durch andere, die mir die Überzeugung gibt, etwas Wertvolles in mir zu tragen und schaffen zu können?

Wer hilft einem Schüler, die weiterführende Schule so zu wählen, dass nicht nur die Noten ausschlaggebend sind? Wer hilft dem Schulabgänger in die richtige Ausbildung? Wer hilft dem Abiturienten, »seinen« Studiengang zu finden? Und wer hilft dem Absolventen, den passenden Beruf im richtigen Unternehmen beziehungsweise Umfeld zu ergreifen?

Wer erlaubt (sich), auch einmal zu scheitern, wer lässt in einem Unternehmen Neuorientierung zu oder wer hilft dabei, einen anderen, besseren Platz zu finden, idealerweise den – jetzt – genau richtigen?

Wer sein berufliches Schicksal in die Hände äußerer Umstände legt und sich von ihnen bestimmen lässt, wer betriebliche Personalentwicklung so versteht, dass ihn schon jemand irgendwohin entwickeln wird, wer seine berufliche Karriere an »*den* Arbeitsmarkt« delegiert, der gleichsam als schicksalhafte Übermacht verstanden wird und den es so pauschal gar nicht gibt, kann kaum dort ankommen, wo er hingehört.

Das Wort »Karriere« wird im Duden als »erfolgreiche Laufbahn« erklärt; die Umdeutung in eine hierarchische »Kaminkarriere« haben wir selbst vorgenommen. Auch hier sollten wir nicht auf die Vorgaben derer schauen, die ihre eigenen Interessen verfolgen. Gerade die Frage, was für mich persönlich eine »erfolgreiche Laufbahn« ist, gehört in die eigene Verantwortung. Und was in einer Lebensphase passend war, kann in der nächsten überholt sein: durch äußere Umstände, aber eben auch durch die eigene, innere Entwicklung.

Dieses Buch soll dazu beitragen, den Blick von den äußeren Faktoren abzuwenden und den eigenen Weg zu finden. Dazu helfen drei Fragen:

- Wer bin ich?
- Was kann ich?
- Was will ich?

Diesen drei Fragen begegnen Sie im Rahmen der beruflichen und persönlichen Standortbestimmung in diesem Buch immer wieder.

Erst wenn diese Fragen eindeutig beantwortet sind, macht es Sinn, über Chancen und Wege am Markt nachzudenken und Marketingstrategien in eigener Sache zu entwickeln.

Wenn in diesem Buch häufiger vom externen Markt außerhalb des eigenen Unternehmens die Rede ist, so sind die allermeisten Hinweise übertragbar auf eine interne berufliche Veränderung. Ich beobachte häufig, dass interne Veränderungen und Neuorientierungen nicht mit dem gleichen Ernst und der gleichen Sorgfalt vorbereitet und vorgenommen werden wie externe. Das ist ein großer Fehler, denn auch diese Bewerbungen gehorchen typischen Mustern und stoßen auf vergleichbare menschliche Reaktionen.

Schließlich geht es um die Frage, wie Entscheidungen zustande kommen können, wie Abschied und Neubeginn zu gestalten sind und was in den ersten Tagen und Monaten in einer neuen Umgebung zu beachten ist.

Alle Phasen können Sie alleine durchlaufen. Die Erfahrung zeigt aber, dass eine neutrale Selbstbetrachtung ein recht schwieriges Unterfangen ist. Also frage ich meinen Partner, meine Eltern, Verwandten oder Freunde. Gerade nahestehende und wohlmeinende Menschen in Ihrer Umgebung werden sich aber immer die Frage stellen, ob eine Veränderung unsererseits nicht auch eine Auswirkung auf sie selbst und ihren Lebensrhythmus haben könnte. Je nachdem, wie sie diese Wirkung einschätzen, werden sie uns ihren Rat geben. Nicht immer (nur) in unserem Sinne.

Es lohnt also, in bestimmten Lebensphasen, bei Weichenstellungen, in Neuorientierungen und – auch diese gehören zum Leben – in Sackgassen einen Ratgeber zur Seite zu holen, der professionell und neutral auf die Gedanken, Gefühle und Ideen schaut und ohne eigene Verstrickung dabei hilft, den ureigenen Weg zu finden und zu gehen. Oder vielleicht auch nur ein paar Knoten mit Ihnen auflöst, die sich im Laufe der Zeit oder bei der Arbeit mit diesem Buch ergeben haben.

Vielleicht fragen Sie sich jetzt, ob es nicht eine zu ideale Vorstellung ist, die richtige Person zur richtigen Zeit am richtigen Platz zu sein. Vielleicht haben Sie oft genug Kompromisse gemacht, machen müssen? Ja, es gibt viele Einflüsse, die wir nicht immer vorhersehen und einplanen können, so ist unser Leben tatsächlich. Es lohnt aber, daran zu arbeiten, mit sich und seiner Aufgabe im Frieden zu leben. Und ein Satz gilt dabei auf jeden Fall:

»Nur wer das Optimum kennt, kann gute Kompromisse machen!«

In diesem Sinne wünsche ich Ihnen viel Freude auf der Suche nach Ihrem ganz persönlichen Optimum in Beruf und Berufung.

ANSELM GRÜN

Berufung

Bevor Sie sich Gedanken machen über Ihren idealen Beruf und Ihre Berufung, möchte ich ein paar Gedanken zum Zusammenhang zwischen Beruf und Berufung entwickeln. Denn schon die gleiche Wurzel für diese beiden Worte zeigt, dass es einen inneren Zusammenhang gibt zwischen Beruf und Berufung. Sie sollen nicht einfach einen Beruf wählen, sondern den Beruf, zu dem Sie sich berufen fühlen.

Das deutsche Wort Beruf kommt von rufen. Es meint ursprünglich: jemand herbeirufen, zur Versammlung rufen, in ein Amt berufen. Martin Luther hat in seiner deutschen Bibelübersetzung das Wort berufen und Beruf verwendet, wenn es um den Ruf Gottes an einen Menschen geht. Der Mensch ist zu etwas berufen. Er ist dazu berufen, eine Aufgabe, einen Auftrag zu erfüllen. Luther hat das Wort Beruf aber nicht nur als Berufung durch Gott verstanden, sondern auch als Amt und Stand des Menschen in der Welt. Diese doppelte Bedeutung ist auch heute noch in der deutschen Sprache wirksam. Manche bezeichnen zwar mit Beruf nur die Erwerbstätigkeit. Doch im Wort klingt noch mit, dass ich für meinen Beruf berufen bin. Sonst spricht man vom »Job«, von der Gelegenheitsarbeit, von der Beschäftigung oder von der Stelle, die ich in meiner Firma innehabe. Der Job ist dazu da, Geld zu verdienen. Der Beruf entspricht dagegen meiner innersten Berufung.

Berufen kommt von rufen. Gott ruft den Menschen. Der Mensch ist nicht einfach sich selbst überlassen. Er ist von seinem innersten Wesen her ein Gerufener. Gott ruft ihn, damit er antwortet. Und er antwortet mit seiner Existenz. Manchmal ist der Beruf eine Antwort auf den Ruf Gottes. Jeder Beruf hat mit Berufung zu tun. Wer seinen Beruf liebt, der fühlt sich dazu berufen, als Handwerker, als Arzt, als Therapeutin, als Kranken-

schwester. In der Kirche sprechen wir von geistlichen Berufen. Wir meinen dann die Berufung zum Ordensstand oder zum Priestertum. Wer Priester werden will, kann es nur, wenn er sich von Gott dazu berufen fühlt.

Doch an jeden Menschen ergeht ein Ruf Gottes. Dieser Ruf ist nicht immer als Wort vernehmbar. Oft ist es ein stiller Anruf, der aber nicht locker lässt. Gott ruft uns durch leise Impulse unseres Herzens, durch die Gefühle von Stimmigkeit und innerer Lebendigkeit. Dort, wo in mir Weite und Freiheit entstehen, wo mein Herz mit Liebe und Frieden erfüllt wird, dort vernehme ich den Ruf Gottes. Aber dieser Ruf will gehört und verstanden werden.

Viele möchten gerne wissen, wozu sie Gott berufen hat. Sie fragen nach Gottes Ruf, aber sie hören oder verstehen ihn nicht. Wir können den Ruf nicht selbst machen. Es braucht eine Bereitschaft zum Hören. Aber dass der Ruf ergeht, ist immer Gnade. Und bei diesem Ruf müssen wir gut unterscheiden, ob der Ruf aus dem eigenen Über-Ich kommt oder wirklich von Gott. In der geistlichen Tradition gibt es die Übung der Unterscheidung der Geister. Sie ist gerade bei der Berufung und beim Beruf wichtig. Wenn der Ruf aus dem eigenen Über-Ich kommt, dann führt er zur Überforderung. Dann meine ich, ich wäre zu etwas Großem berufen. Aber diese Berufung entspricht eher dem eigenen Größenwahn, Ehrgeiz oder Perfektionismus. Wenn der Ruf von Gott her kommt, dann bewirkt er immer Frieden, Freiheit, Lebendigkeit und Liebe.

Die Bibel nennt die Christen »Berufene«. Gott ruft uns aus der Welt heraus, damit wir als Glaubende unseren Weg gehen. Jesus beruft aber auch einzelne Menschen, ihm nachzufolgen. Als er Simon und Andreas im See ihr Netz auswerfen sieht, beruft er sie: »Kommt her, folgt mir nach! Ich werde euch zu Menschenfischern machen.« (Markus 1,16) Die beiden verlassen alles, was sie haben, ihren Beruf, ihre Familien, und folgen Jesus nach.

Simon und Andreas sind einfache Fischer, die nur Netze besitzen und sie im Wasser stehend auswerfen. Nach diesen beiden sieht Jesus Jakobus und Johannes, beides Söhne des Zebedäus, im Boot sitzen und ihre Netze herrichten. Beide sind sozial höher gestellt. Sie haben – so könnte man es modern ausdrücken – eine Fischereiflotte. Sie fischen aus dem Boot heraus. Jesus beruft sie beide. Die soziale Herkunft zählt bei ihm nicht. Simon, den Ärmeren und sozial niedriger Gestellten, setzt er später an die Spitze der Jüngergruppe. Ganz gleich, welcher sozialer Herkunft die Menschen sind, sie sollen Jesus nachfolgen.

Was heißt das für uns? Wir sollen der innersten Stimme in uns folgen. Jesus spricht in unserem wahren Selbst zu uns. Dieser oft genug leisen Stimme sollen wir folgen. Und noch etwas anderes ist mir wichtig: Jesus verwandelt den Beruf der Fischer. Sie sollen Menschenfischer werden. Sie sollen das, was sie gelernt haben und beherrschen, nun auf einem anderen Gebiet einsetzen: Sie sollen Menschen fischen. So wie sie vorher geduldig auf Fische gewartet haben, um sie zu fangen, so sollen sie jetzt auf die Menschen hören, wann sie bereit sind, ihrer innersten Sehnsucht zu folgen. Sie sollen sie auf diesen Weg der Sehnsucht und des Glaubens führen.

Wenn wir diese Bibelstelle in unser Leben hinein übertragen, dann denke ich an unsere Begeisterung für einen Beruf, die wir als Kind gespürt haben. Ich wollte als Kind immer Maurer werden. Ein anderer wollte Lokomotivführer werden, eine Frau Lehrerin. Wir müssen nicht immer konkret diesen Beruf ergreifen. Aber in der kindlichen Faszination für diesen Beruf zeigt sich etwas Wesentliches, etwas, was unserem Wesen entspricht. Als Erwachsener dem Ruf Jesu folgen heißt für mich dann, dem Bild, das in diesem Beruf steckt, zu folgen, aber es zugleich in meinen jetzigen Kontext zu verwandeln. Ich bin nicht Maurer geworden. Und trotzdem ist es für mich wichtig, etwas aufzubauen. Ich habe versucht, als Cellerar ein neues Klima bei unserer Zusammenarbeit aufzubauen. Und ich versuche in meinen Büchern, mit Worten ein Haus zu bauen, in dem Menschen sich zu Hause fühlen, in dem sie sich verstanden wissen und mit sich selbst und der Weisheit ihrer Seele in Berührung kommen.

Der Mann, der Lokomotivführer werden wollte, ist es auch nicht geworden. Aber die Faszination, etwas bewegen zu können, hat sich durchgesetzt. Er hat ein Unternehmen gegründet und ganz viel in dieser Welt bewegt. Die Frau, die als Kind Lehrerin werden wollte, ist es nicht geworden. Aber die Leidenschaft, anderen etwas beizubringen und aus anderen etwas hervorzulocken, ist in ihr als Personalchefin einer großen Firma geblieben.

Das meint Jesus, wenn er die Fischer zu Menschenfischern beruft. Das, was uns als Kind angesprochen hat, will Jesus in einen konkreten Beruf verwandeln, der nicht immer dem entsprechen muss, was wir als Kind konkret wollten.

Das Johannesevangelium zeigt uns andere wichtige Aspekte der Berufung. Im ersten Kapitel schildert Johannes, wie die Berufung der ersten Jünger geschieht. Da ruft Jesus die Jünger nicht selbst. Es sind vielmehr immer andere, die junge Männer auf Jesus verweisen. Johannes der Täufer schaut auf Jesus und auf seine eigenen Jünger und sagt: »Seht, das Lamm Gottes!« (Johannes 1,36) Wie immer man dieses Wort verstehen mag, die Jünger werden neugierig und folgen Jesus nach. Jesus dreht sich um und fragt sie: »Was wollt ihr? Sie sagten zu ihm: Rabbi, wo wohnst du? Er antwortete: Kommt und seht. Da gingen sie mit ihm und sahen, wo er wohnte, und blieben jenen Tag bei ihm.« (Johannes 1,38f) Sie wollen sehen, wo Jesus wohnt und wie er lebt. Als sie von Jesus überzeugt sind, gehen sie zu ihren Freunden und verweisen sie auf Jesus.

Der Ruf Gottes geht also über andere Menschen, die uns für etwas begeistern. Aber wir müssen selbst unsere Erfahrung machen. Wir müssen schauen, wie dieser Jesus ist, ob es sich lohnt, ihm zu folgen. Es ist gut, einen ganzen Tag bei diesem Jesus zu bleiben, um zu erforschen, ob seine Nähe uns guttut. Johannes spricht von der zehnten Stunde. Zehn ist die Zahl der Ganzheit. Wir sollen also sehen, ob wir durch die Nachfolge ganz und heil werden, ob wir in unserem Beruf die Fülle des Lebens finden oder verwirklichen können.

So geschieht Berufung auch bei uns oft genug. Da ist ein junger Mann von seinem Kaplan begeistert und kann sich vorstellen, den gleichen Weg zu gehen. Oder eine junge Frau wird durch eine Ordensfrau angeregt, sich für diesen Beruf zu interessieren. Oder aber ein Vater hat als Handwerker oder Landwirt seinen Sohn innerlich davon überzeugt, dass das auch seine Berufung ist. Oft ruft Gott durch Menschen. Er macht uns auf die eigenen Fähigkeiten aufmerksam. Aber immer müssen wir in uns selbst hineinhorchen und uns fragen: Will dieser Ruf, den ich da höre, mich zu etwas führen, was mir übergestülpt wird, oder aber zu meiner ureigensten Berufung, zu dem Weg, auf dem ich all das entfalten kann, was Gott mir geschenkt hat? Es braucht immer eine Klärungszeit, bis wir erkennen können, was unser Ruf ist. Die Jünger sind auch einen ganzen Tag bei Jesus geblieben und haben genau gesehen, was das für ein Mensch ist und was von ihm ausgeht. Und sie haben gespürt, ob das für sie passt, dass sie bei ihm bleiben und ihm folgen. Sie haben erkannt, dass Jesus ihre tiefste Sehnsucht erfüllt. Eine Frau wollte immer das Autohaus ihres Vaters übernehmen. Aber als sie es übernommen hatte, spürte sie in sich inneren Widerstand. Im Gespräch wurde ihr deutlich, dass sie zu sehr die Erwartungen des Vaters erfüllen wollte. Sie musste sich frei machen von den Erwartungen des Vaters, um das Autohaus so führen zu können, wie es ihrem Wesen, wie es ihrer Berufung entsprach. Die Jünger können Jesus nur nachfolgen, wenn sie durch ihn mit ihrem eigenen Inneren, mit ihrem Wesen, mit ihrer Berufung in Berührung kommen.

Und noch einen anderen Aspekt der Berufung zeigt uns Johannes auf. Philippus wirbt Natanael. Doch der zögert und zweifelt. Jesus begegnet ihm und erkennt sein innerstes Wesen. Jesus spürt, was in diesem Mann steckt. (Vgl. Johannes 47–50) Und diese Erfahrung, dass da Jesus – gleichsam der neue Arbeitgeber – spürt, was das Wesen dieses Mannes ist und welche Möglichkeiten in ihm bereit liegen, gibt dem Natanael das Vertrauen, dass es richtig ist, dem Ruf Jesu zu folgen. Manchmal brauchen wir andere Menschen, die in uns die Fähigkeiten sehen, die wir bisher nicht wahrgenommen haben, und die spüren, in welchem Beruf wir das Potenzial entfalten können, das Gott uns geschenkt hat.

Was die biblischen Berufungsgeschichten zu unserem eigenen Beruf sagen wollen, ist dies: Es genügt nicht, nur einfach so dahinzuleben und den nächstbesten Job anzunehmen. Wir sind von Gott zu etwas berufen. Die Würde des Menschen besteht darin, dass Gott ihn ruft, ihn beruft, in dieser Welt etwas auszudrücken, was nur durch ihn ausgedrückt werden kann: in dieser Welt seine ganz persönliche Lebensspur einzugraben. Wir sollen nicht einfach nur eine Arbeit annehmen, sondern uns immer auch fragen, ob das unserer Berufung entspricht. Wir sollen unseren Beruf beseelen. Das gelingt nur, wenn wir uns auch dazu berufen fühlen.

Natürlich wird nicht jede Arbeitsstelle unserer innersten Berufung entsprechen. Unsere Berufung geht auch nicht auf in unserem Beruf. Vielleicht fühle ich mich als Vater oder Mutter berufen oder als Freund oder Freundin, als Mensch, der anderen Mut macht zum Leben, der Freude in diese Welt bringt. Der Ruf, den Gott an uns richtet, macht unsere Würde aus. Wir sind berufen, in dieser Welt etwas auszustrahlen, was von Gott kommt, was Gott nur durch uns in dieser Welt aufstrahlen lassen möchte. Um diese Berufung zu verstehen und um den Beruf zu finden, der unserer Berufung entspricht, braucht es ein gutes Hinhören auf die eigene Lebensgeschichte, auf unsere Sehnsüchte, auf die leisen Impulse, die wir in unserem Inneren hören.

STEFAN MÜLLER

Innehalten für den richtigen Weg

Wir behaupten von uns, ständig in Bewegung zu sein. Es wird in unserer Gesellschaft viel von geistiger und räumlicher Mobilität gesprochen. Mancher beklagt, nie zur Ruhe zu kommen, und ist doch irgendwie stolz darauf. Wir registrieren Veränderungen in unserer Umgebung und empfinden sie als Bereicherung oder Bedrohung. Und wir beobachten oder gestalten Entwicklungen und verdrängen gerne, dass sie auch unseren eigenen Standpunkt verändern.

Es ist noch nicht allzu lange her, da war der Feierabend, das Wochenende oder der Urlaub eine echte Auszeit vom Arbeitsalltag. Ein Anruf in die Privatsphäre eines Mitarbeiters hinein war nur in extrem dringenden und wichtigen betrieblichen Situationen denkbar. Dann wurden wir räumlich unabhängig erreichbar mit dem mobilen Telefon, und schließlich verfolgten uns auch die E-Mails – zunächst auf den heimischen PC. Seit relativ kurzer Zeit erreichen uns nun die Mails auf dem Mobiltelefon, und spätestens mit diesem Schritt ist die Erwartung einer kurzfristigen Antwort erheblich gestiegen. Während Gesprächspartner im asiatischen Raum ihre Antwort gerne am frühen Morgen hätten, erwarten die Kunden aus den USA unsere Reaktion am späten Abend unserer Zeit.

Leise und schleichend begannen Lebensbereiche und deren Grenzen zu verschwimmen, um sich schließlich für viele gänzlich aufzulösen. Was eben noch ein Statussymbol und Zeichen besonderer Wichtigkeit war, wurde immer mehr zu einer ununterbrochenen mentalen Beanspruchung. Und es kommt sicher nicht von ungefähr, dass psychische Erkrankungen, Depressionen und Burn-out-Fälle in jüngster Zeit rapide zunehmen.

Nun könnte man die Frage stellen, warum das so viele »mit sich machen lassen«. Ich erlebe einerseits viel Angst um die Existenz, nicht selten jenseits der objektiven Fakten, aber auch ganz speziell eine Verlustangst um den erreichten gesellschaftlichen und materiellen Status. Eine andere Wahrnehmung ist das Gefühl einer ausweglosen Abhängigkeit und Fremdbestimmung, das zu immer noch mehr Anstrengungen und Arbeitseinsatz führt, um den teilweise unmenschlichen Erwartungen gerecht zu werden und endlich Dank und Anerkennung zu ernten. Damit verbunden ist oft die Hoffnung, (Selbst-)Wert und Bedeutung »von außen« zu bekommen. Umso größer ist dann die Enttäuschung, wenn sich herausstellt, dass man Mittel zum Zweck war, persönliche Würdigung und Wertschätzung ausbleiben und die Frage »Wo bleibt der Dank?« keine Antwort findet.

Scheinbar plötzlich werden wir dann mit der Notwendigkeit eigener Weichenstellungen konfrontiert. Und leider löst häufig erst der sogenannte Leidensdruck eine systematische Betrachtung des »Status quo« aus.

Dabei ist es nie zu früh, Zeit in eigener Sache zu investieren und eine sorgfältige Analyse zu machen. Gerade dann, wenn ich mich ohne akuten betrieblichen Anlass, ohne unmittelbare finanzielle Bedrohung, ohne gesundheitliche Warnsignale auf die Suche nach meiner Berufung machen kann, treffe ich Entscheidungen besonders souverän und gelassen.

Ganz gleich aber, ob Sie sich in einer Phase des Selbstzweifels befinden, ob äußere Umstände zu einer beruflichen und/oder persönlichen Neuorientierung zwingen oder ob Sie ganz gelassen an diesen Prozess herangehen können: Wir wollen Ihnen zuallererst den Rat geben, sich selbst so anzunehmen, wie Sie sind!

Einerseits gibt es revolutionäre Ergebnisse der Genforschung, die unser bisheriges Weltbild entscheidend verändern werden. Die Vorstellung von der Unabänderlichkeit unserer Gene wird gerade widerlegt, die Wissenschaftler sprechen davon, dass wir selbst in unseren Genen einen »Schalter« umlegen beziehungsweise dass Einzelereignisse und Langzeitentwicklungen zu einer Veränderung führen können. Das relativ neue Forschungsgebiet der »Epigenetik« liefert uns andererseits einige Überraschungen, wie hartnäckig Verhaltensmuster über Generationen in Familien erhalten bleiben und bis in die Enkel- und Urenkel-Generation weiterwirken. Sie bestätigen damit auch die Erkenntnisse aus entsprechenden Aufstellungen der Ursprungs- und der Gegenwartsfamilie.

Und wir sehen an unseren Kindern, dass sie ihre Persönlichkeit sehr früh entwickeln und Erziehung entweder Entdeckung und Förderung vorhandener Anlagen oder deren Unterdrückung bedeuten kann. Es gibt zu denken, dass Zwillinge, die unmittelbar nach der Geburt getrennt wurden und in völlig verschiedenen Situationen an unterschiedlichen Orten aufgewachsen sind, nach dreißig Jahren identische Verhaltensmuster zeigen. Wenn ich also einem erwachsenen Menschen sage: »Sie müssen sich ändern«, kann damit sicher nicht die Grundstruktur seiner Person gemeint sein.

Natürlich besteht die Möglichkeit, Verhaltensformen zu trainieren. Dabei ist jedoch zu unterscheiden zwischen einem souveräneren Umgang mit der eigenen Persönlichkeit sowie der Entwicklung eines Bewusstseins für die Wirkung bestimmter Worte und Handlungen einerseits und andererseits dem Versuch, eine Fassade anzutrainieren, die der persönlichen Authentizität widerspricht. Im Alltag und vor allem unter Stress sind neue Handlungsweisen jedenfalls selten von dauerhaftem Bestand, wenn sie nicht aus eigener, innerer Überzeugung entstehen und gleichzeitig regelmäßig praktiziert beziehungsweise wiederholt werden.

Der Sinn dieses Buches besteht in allererster Linie darin, Ihre vielen Fähigkeiten und herausragenden Eigenschaften zu entdecken beziehungsweise bewusst zu machen und dann einer Tätigkeit zuzuordnen, die optimale Entfaltung und erfolgreiches Arbeiten ermöglicht und Ihnen damit dauerhafte Befriedigung im Beruf verschafft. Dazu gehört untrennbar eine menschliche Umgebung, zu der gerade Sie besonders gut passen.

Und selbstverständlich kommt es auch auf die organisatorische Einordnung an, die Ihre Perspektiven und Wünsche reflektiert.

Wenn wir uns also zunächst Ihrer Vergangenheit und Ihrem Weg bis heute widmen, dann mit dem Ziel, dass Sie für die Zukunft lernen können – zur Vermeidung von Fehlern einerseits, zur Fortsetzung Ihrer Erfolge andererseits.

ANSELM GRÜN

Veränderung und Verwandlung

Heute ist es modern, sich ständig zu ändern. Die Firmen durchlaufen ständig Änderungsprozesse und Umstrukturierungen. Und genauso meinen die Einzelnen, sie müssten sich ständig ändern. Doch ich kenne viele Menschen, die seit Jahren dabei sind, sich zu ändern, und doch immer die gleichen bleiben. Der Grund ist, dass sie meinen, sie müssten ganz andere Menschen werden, alles anders machen. Im Begriff der Veränderung steckt etwas Aggressives. Ich kämpfe gegen mich, um ganz anders zu werden.

Die christliche Antwort auf Veränderung ist Verwandlung. Verwandlung ist sanfter. Sie sagt: Alles, was ist, darf sein. Ich würdige mich, so wie ich geworden bin. Aber ich spüre, dass das Eigentliche noch nicht zum Vorschein gekommen ist. Das einmalige Bild, das Gott sich von mir gemacht hat, mein innerstes Wesen, müsste durch alles, was ich bin und an mir feststelle, aufstrahlen. Ich soll nicht ein ganz anderer werden, sondern so werden, wie ich eigentlich gemeint bin, wie es meiner tiefsten Berufung entspricht.

Das Urbild der Verwandlung ist die biblische Geschichte von der Verklärung. Auf dem Berg strahlt während des Gebetes auf einmal das wahre Wesen Jesu, sein göttlicher Glanz, durch sein Gesicht hindurch. Manchmal kommen wir auch im Gebet in Berührung mit unserem wahren Wesen. Dann erleben wir es wie ein Aufleuchten, wie ein helles Licht. Da ist uns auf einmal für einen Augenblick klar, wer wir sind. Diese Erfahrung wird immer wieder vom Nebel des Alltags verdunkelt. Aber wir sollten dieser inneren Erfahrung trauen.

STEFAN MÜLLER

Mein Lebenslauf – wie er nicht in den Bewerbungsunterlagen zu finden ist

Jeder, der sich schon einmal beworben hat, kennt ein paar Spielregeln des »offiziellen« Lebenslaufes. Allerdings kennt jeder andere. Ziel dieser Regeln soll immer sein, ein möglichst positives Bild des persönlichen und beruflichen Werdegangs zu zeichnen. Wer sich öfters beworben und gelernt hat, seinen Lebenslauf »perfekt« zu präsentieren, läuft Gefahr, dieser »glatten« Darstellung selbst zu erliegen und Fehlentscheidungen, Misserfolge und Rückschläge auszublenden.

Dieser »Verkaufsprospekt« in eigener Sache und dessen mündliche Darstellung sollen hier nicht zur Sprache kommen. Stattdessen fahnden Sie hier nach Ihren Empfindungen, Bewertungen, Erinnerungen, Hoffnungen und Enttäuschungen zwischen den Zeilen.

Da sind zuallererst Personen, die Ihre Entwicklung maßgeblich geprägt haben. Meist spielen die Eltern und die übrigen Familienmitglieder eine herausragende Rolle (positiv und/oder negativ), aber auch Freunde und Feinde, Vorbilder und abschreckende Beispiele, Meinungsmacher und Miesmacher nehmen eine Zeitlang Einfluss auf die Entscheidungsfindung eines Menschen.

Dabei ist es keinesfalls so, dass sich jeder zu jeder Zeit frei entscheiden konnte. Wirtschaftliche und finanzielle Zwänge, zum Beispiel die frühe Notwendigkeit, zum Familieneinkommen beizutragen, regionale und persönliche Bindungen oder Verpflichtungen wie zum Beispiel der Beruf des Partners, die eingeschränkte Erreichbarkeit des Schul- und Bildungsangebots unter räumlichen oder inhaltlichen Aspekten und anderes verhindern nicht selten die frühe Verwirklichung persönlicher und beruflicher Pläne.

Sogenannte Stärken oder Schwächen, Konzentration oder Ablenkung, Fleiß oder Faulheit, letztlich Erfolge oder Misserfolge begünstigten oder vereitelten das Erreichen eines angestrebten Schul- oder Studienabschlusses – für manchen zum Schaden, für andere überhaupt erst als Ansporn zu neuen Anstrengungen und eigenen Wegen. Und vielleicht ist der scheinbar Faule in Wirklichkeit der Kreativste bei der Suche nach Optimierungen und Vereinfachungen im Arbeitsablauf.

Dass Sehfehler eine Pilotenkarriere verhindern können, ist allgemein bekannt. Aber vielen Menschen sind gewisse Grenzen gezogen durch sichtbare und unsichtbare Beeinträchtigungen der Gesundheit. Und überdies: Es wäre blauäugig, das äußere Erscheinungsbild und die körperliche Konstitution eines Menschen außer Acht zu lassen als Schlüssel zu bestimmten Perspektiven. Daran ändern auch Gesetze zur Gleichbehandlung wenig.

Vielleicht denken Sie, dass es nicht mehr so wichtig sein kann, welche Einflüsse Ihren Weg als Kind, Jugendlicher und junger Erwachsener oder Ihre ersten Schritte im Beruf bestimmt haben. Ob mehr Zwang oder mehr Freiwilligkeit eine Rolle gespielt hat. Ob uns etwas »zugefallen« ist oder ob jede Station das Ergebnis einer systematischen Planung war. Aber haben Sie schon einmal überlegt, was von alledem noch heute Ihr Denken und Handeln bestimmt? Warum Sie bestimmte Ziele anstreben oder unwichtig finden, bestimmte Menschen achten oder verachten, immer zufrieden oder manchmal unzufrieden sind mit dem »Status quo«?

Suchen Sie sich einen Menschen, dem Sie vertrauen und der an Ihrem Leben »lebhaftes« Interesse hat, ohne alles schon vorher zu wissen. Erzählen Sie in aller Ruhe Ihre Lebensgeschichte. Von der Geburt an. Machen Sie sich Gedanken über Ihre Eltern, Ihre Charaktereigenschaften, Ihre Rollen in der Familie. Und wie Sie Vater und Mutter persönlich erlebt haben.

Überlegen Sie, wer Ihnen welche Werte vermittelt hat. Welchen Stellenwert »Leistung« vielleicht schon in Ihrer Kindheit hatte. Wie Sie die schulischen und beruflichen Weichen gestellt haben. Was Sie neben dem Lernen beschäftigt hat. Denken Sie darüber nach, welche Entscheidungen Sie bewusst getroffen haben und welche aus Ihrer Sicht eher Zufall oder sogar Zwang waren. Überlegen Sie, warum Sie einen Beruf ergriffen haben, mit welchen Erwartungen und Hoffnungen. Was Sie dabei dann erlebt haben, wo Sie begeistert und wo Sie enttäuscht waren. Spüren Sie den Augenblicken des Triumphes und denen des Misserfolgs nach.

Überlegen Sie, welche Bedeutung Ihre privaten Lebensumstände, Ihre Bindungen, Ihre Familie hatten und haben. Und nützen Sie den jetzigen Augenblick als Gelegenheit zur Zwischenbilanz. Nehmen Sie sich dafür einige Stunden Zeit. Es ist eine lohnende Investition.

Persönliche und berufliche Zwischenbilanz

Nachdem Sie gemeinsam mit einem guten Zuhörer und Frager die Wanderung durch Ihr Leben gemacht haben, sollten Sie nochmals einen Blick auf diesen Weg werfen. Dazu laden wir Sie ein, zwei Linien zu zeichnen und sich Gedanken über deren Höhen und Tiefen zu machen.

I. Zwei Linien

■ Zeichnen Sie auf einem Blatt zunächst eine Linie, die Ihren bisherigen privaten Lebenslauf chronologisch darstellt. Die Lebenslinie (kurz L-Linie) kann beliebig aussehen (zum Beispiel gerade, schräg, gebogen, gewellt, flach, steil ansteigend und so weiter).

Sie sollte Ihr ganzes Leben, wie Sie es persönlich sehen, mit seinen privaten Tiefen und Höhen wiedergeben. Ein »richtig« oder »falsch« gibt es dabei nicht (keine Objektivität). Es zählt nur Ihr individueller Eindruck, Ihre Erinnerung und Wahrnehmung. Erforschen Sie dabei nochmals Ihre »innere Welt«, Ihre Gefühle. Fragen Sie sich, wann und wie sehr Sie jeweils im Einklang mit sich selbst waren.

■ Dann zeichnen Sie bitte mit einer anderen Farbe eine zweite Linie, die Ihre professionelle Entwicklung abbildet (P-Linie), also Ausbildung, Studium und alle beruflichen Stationen. Sie können diese Linie unter der ersten zeichnen.

Wenn sich die beiden Linien streckenweise im Einklang befinden, ist das ein Zeichen dafür, dass sich private und berufliche Themen gegenseitig beeinflusst oder sogar bedingt haben. Vielleicht gibt es aber auch Phasen, in denen die eine von der anderen Linie mehr oder minder stark abweicht.

■ Sobald Sie Ihre Linien entwickelt haben, markieren Sie bitte jeweils den Punkt, an dem Sie jetzt gerade stehen.

Der erste Schritt dieser Übung vermittelt Ihnen eine Vorstellung davon, was hinter Ihnen liegt, was Sie bereits gemeistert haben.

II. Erwartung und Hoffnung

Machen Sie sich nun bitte Gedanken, wie es weitergehen soll – persönlich und beruflich.

■ Wie soll es persönlich weitergehen?

....

....

■ Wie soll es beruflich weitergehen?

....

....

Führen Sie nun die Lebenslinien über die Gegenwart hinaus in die Zukunft fort. Tragen Sie dabei jedoch jeweils zwei weitere Linien ein:

■ die Erwartungslinie E: Wwas erwarte ich in nächster Zeit von meinem persönlichen Leben, was erwarte ich in nächster Zeit von meinem beruflichen Leben?

■ die Wunschlinie W: Was erhoffe/wünsche ich mir von meinem persönlichen Leben, was erhoffe/wünsche ich mir von meinem beruflichen Leben?

Für den Fall, dass sich die E-Linie jeweils von der W-Linie unterscheidet, erläutern Sie dies bitte näher.

Für den Bereich meiner beruflichen Entwicklung unterscheidet sich E- und W-Linie, weil

....

....

Im Bereich meiner privaten Situation und Beziehungen unterscheiden sich E- und W-Linie, weil

....

....

Nun haben Sie den zweiten Schritt in dieser Zwischenbilanz gemacht. Nach einem Blick auf das Gemeisterte haben Sie eine Prognose gewagt. Was zunächst eher wie eine unterhaltsame Beschäftigung aussieht, ist in Wirklichkeit viel mehr als das.

Anselm Grün weist in seinen Büchern und Vorträgen immer wieder darauf hin, welche Kraft unsere Gedanken und Erwartungen entfalten. Dabei geht es keineswegs um Modelle wie die Vorstellungen von Dale

Carnegie in seinem Bestseller »Sorge nicht, lebe«, dass wir allein durch die Macht unserer Gedanken unser Schicksal bestimmen könnten. Nach aktuellen Erkenntnissen der Gehirnforscher kann diese banale Form des »positiven Denkens« ohne realen Bezugspunkt sogar in eine Depression umschlagen in dem Gefühl, selbst dabei zu »versagen«. Hier ist vielmehr angesprochen, dass unser Glaube an die von Gott geschenkten Fähigkeiten und unsere Zielstrebigkeit und Zuversicht in der Gestaltung unserer Zukunft Kräfte freisetzt, die uns Hürden und Hindernisse überwinden lassen. Oder um es mit einem Bibelwort aus 2 Samuel 22,30 zu sagen: »Mit meinem Gott kann ich über Mauern springen.«

III. Persönliche Entwicklung

Kehren Sie noch einmal zu Ihrer Lebenslinie zurück und erinnern Sie sich an einzelne Phasen Ihres Lebens. Wie waren Sie im 10. Lebensjahr? Was würden Sie aus Ihrer heutigen Sicht als besonders liebenswert, als wichtigen Vorzug und was als besondere Schwäche kennzeichnen? Gehen Sie auf diese Weise einzelne Lebensabschnitte noch einmal durch:

	Besondere Stärken	Besondere Schwächen
mit etwa 10 Jahren	....	....
	....	....
	....	....
am Ende der Schulzeit	....	....
	....	....
	....	....

	Besondere Stärken	Besondere Schwächen
nach Ihrer Berufsausbildung	....	....
	....	....
	....	....
vor einem Jahr	....	....
	....	....
	....	....
heute	....	....
	....	....
	....	....

Nun gehen Sie zum Abschluss bitte noch folgenden Fragen nach:

- Welche Vorzüge haben Sie im Laufe Ihres bisherigen Lebens verloren und warum?
- Welche Schwächen sind Sie losgeworden und wie?
- Was freut Sie dabei? Was bedauern Sie?

Das ist der dritte Teil ihrer Zwischenbilanz. Pater Anselm Grün betont oft, dass wir Verlorenes betrauern müssen. In Lebenskrisen bedauern viele Menschen, dass sie die Leichtigkeit und Unbeschwertheit der Kindheit verloren haben, dass es ihnen schwerer fällt, sich auf Neues einzulassen, dass sie sich gleichsam selbst eingemauert haben in Verpflichtungen und Aufgaben. Es macht keinen Sinn, vor solchen Entwicklungen die Augen zu verschließen. Nicht alles ist unumkehrbar, jeder Einzelne kann in seinem Leben immer noch nachjustieren, loslassen, vereinfachen, erleichtern und ändern.

Andererseits sind wir aber als Mensch auch immer wertvoller geworden. Reicher an Erfahrungen, souveräner im Umgang mit Herausforderungen, gelassener in Prüfungen, geschickter im Umgang mit uns selbst und anderen. Hoffentlich jedenfalls ...

Wer schon einmal gepilgert ist, weiß, dass er auf einem Weg immer etwas verlieren wird, aber auch immer viel gewinnen wird: Erkenntnisse über seine erstaunlichen Fähigkeiten und überraschenden Grenzen, die Bilder neuer Horizonte und den Verlust liebgewonnener Bequemlichkeit, die Begegnung mit neuen Gedanken und Lebenshaltungen und die Aufgabe eigener Standpunkte.

Betrachten Sie Ihre Zwischenbilanz noch einmal mit diesen Anregungen und prüfen Sie genau, ob und wo Sie Gewinn oder Verlust gemacht haben.

Lebensspur

Wenn Sie Ihre Lebenslinien eingezeichnet und Ihren bisherigen Lebensweg bedacht haben, können Sie sich fragen: Welche Spur möchte ich in diese Welt eingraben? Es geht nicht nur darum, meine Vorlieben und Wünsche zu erkennen, sondern um die Frage: Welche Lebensspur möchte ich in dieser Welt hinterlassen? Was möchte ich mit meinem Leben vermitteln? Jeder von uns hat von Gott her eine Sendung. Es geht nicht nur darum, einigermaßen glücklich zu leben, sondern meine Aufgabe in dieser Welt zu erkennen, von Gott her meinen Auftrag zu erspüren. Ich bin mit meinem Leben wichtig für diese Welt. Gott hat mich in diese Welt gesandt, damit ich – wie Jesus das sagt – Licht bin und Licht hineinbringe, damit es durch mich heller und wärmer wird in dieser Welt.

Viele Menschen meinen, die Welt würde von den Politikern und Wirtschaftsbossen bestimmt. Wir hätten gar keine Möglichkeit, diese Welt mitzugestalten und seien einfach dieser Welt ausgeliefert. Doch das stimmt nicht. Jeder von uns gräbt durch sein Leben eine Spur in diese Welt ein. Er hinterlässt einen Fußabdruck. Er bewirkt durch seine Ausstrahlung etwas in dieser Welt. Die Naturwissenschaft spricht heute vom Feld, in dem alles miteinander verbunden ist. Wenn in diesem Feld etwas geschieht, berührt es alles andere auch. Jeder von uns hat eine Ausstrahlung. Wenn er morgens aufsteht, geht schon etwas aus von ihm, entweder eine positive oder negative Stimmung. Er wird anderen Menschen begegnen, sie anschauen, sie ansprechen. Sein Gesicht vermittelt entweder Fröhlichkeit oder Unzufriedenheit, entweder Zuversicht oder Missmut, entweder Vertrauen oder Angst. Seine Stimme gibt seine Stimmung wieder.

Und diese Stimmung legt sich auf die anderen Menschen. Entweder teile ich den Mitmenschen etwas von meiner freudigen und hoffnungs-

vollen Stimmung mit oder aber von meiner inneren Bitterkeit und meinem Groll.

Wir graben aber nicht nur durch unsere Ausstrahlung eine Lebensspur in diese Welt, sondern auch durch unseren Beruf. Daher sollten wir uns immer wieder fragen: Welche Lebensspur möchte ich durch meinen Beruf in diese Welt eingraben? Was möchte ich in dieser Welt bewirken? Was möchte ich hinterlassen? Wie möchte ich diese Welt gestalten und formen? Natürlich ist unsere Wirkung auf die Welt immer begrenzt. Aber wir sollten uns mit dieser Begrenzung nicht davor drücken, das Unsrige zu tun. In welchem Beruf kann ich die Lebensspur, die mir vorschwebt, am klarsten und wirksamsten in diese Welt eingraben?

Das Bild der Lebensspur kann uns in vielen Bereichen begleiten. Wenn ich zu einem Vorstellungsgespräch gehe, dann geht es nicht nur darum, dass ich unbedingt diese Stelle bekomme. Denn dann wirke ich verkrampft. Ich soll vielmehr mit einem anderen Bild dorthin gehen. Ich bin ich. Ich strahle etwas aus. Ich möchte einen guten Eindruck von mir hinterlassen. Ich möchte etwas von dem vermitteln, was mich ausmacht. Ich will mich nicht verbiegen, nur damit ich die Stelle bekomme. Vielmehr möchte ich authentisch und ursprünglich sein. Wenn ich authentisch bin, dann muss ich meine Authentizität nicht beweisen. Ich gehe einfach in das Gespräch und bin ganz ich selbst. Ich bin einfach. Ich stehe nicht unter Druck, einen guten Eindruck zu hinterlassen. Das Paradox ist, dass ich gerade dann, wenn ich nicht den besten Eindruck hinterlassen möchte, sondern authentisch bin, bei den Menschen gut ankomme. Dann werden sie mich spüren und nicht meine Fassade oder meine Maske. Wenn ich ganz bei mir selbst bin, dann grabe ich eine gute Spur ein, jetzt bei diesem Gespräch. Und ich begegne dann den Menschen. Ich sitze nicht wie ein Kaninchen vor der Schlange und bin fixiert auf das Urteil, das die anderen über mich abgeben. Ich bin einfach da. Ich nehme die anderen wahr. Ich begegne ihnen im Gespräch. Das ist entspannter, und es ist auf Dauer wirkungsvoller als alles zu sehr Überlegte und Durchdachte.

In Gesprächen höre ich immer wieder, dass Menschen das Gefühl haben, dass sie aus der Spur geraten sind, dass sie ihre Spur verloren haben. Dann brauchen sie viel Energie, damit ihr Lebenszug weiterfährt. Er fährt gleichsam außerhalb der Geleise. Und manchmal verliert ihr Lebenszug die Orientierung. Sie wissen nicht, wohin die Reise geht. Sie wissen nicht, welche Spur sie in diese Welt eingraben sollen. Sie sind orientierungslos, unsicher, unzufrieden. Gerade in solchen Situationen ist es wichtig, nach der eigenen Lebensspur zu suchen. Dabei hilft es, zuerst für mich allein nachzuspüren, was meine Spur sein könnte, dann aber auch mit einem Begleiter darüber zu sprechen, welche Lebensträume ich einmal hatte und wie mein Leben jetzt aussieht. In der Begleitung von Menschen, die aus der Spur geraten sind, lege ich immer vier Wege dar, wie ich meine Lebensspur finden kann.

Der erste Weg: Ich setze mich still hin und höre in mich hinein. Habe ich das Gefühl, dass mein Leben stimmig ist, dass ich mit mir und meinem Wesen übereinstimme, dass ich im Einklang bin mit mir selbst? Fließt mein Leben? Bin ich im Fluss? Oder stockt mein Leben? Lebe ich an mir vorbei? Stimmt es, wie und was ich lebe? Wenn ich das Gefühl von Stimmigkeit und Im-Fluss-Sein habe, darf ich vertrauen, dass ich die Lebensspur eingrabe, die meinem Wesen entspricht. Vielleicht sollte ich sie noch bewusster eingraben, mir noch klarer werden, was ich mit meinem Leben vermitteln möchte.

Der zweite Weg: Ich blicke in meine Kindheit und versuche mich zu erinnern, wo ich stundenlang spielen konnte, ohne zu ermüden, wo ich mich geborgen gefühlt habe, wo ich begeistert war und alle meine Kraft für etwas einsetzen wollte. Dort, wo ich als Kind berührt war, war ich auch mit mir selbst und meinem wahren Selbst in Berührung. Das, was ich als Kind begeistert getan habe, muss ich dann übersetzen in das, was ich jetzt tun möchte. Eine Frau erzählte mir: Schon als kleines Kind war sie fasziniert von Hotels. Zu ihrer Erstkommunion hatte sie nur den einen Wunsch, dass sie mal einen Tag in einem Hotel wohnen darf. Das hat ihr ihre Familie geschenkt. Sie ist jetzt Hoteldirektorin. Ihr Beruf entspricht dem, was sie als Kind gespürt und wonach sie sich immer gesehnt hat. Es war die Faszination, in einem fremden Haus Heimat und Geborgenheit zu erfahren, von Menschen eingeladen zu werden, das Leben zu genießen und sich wohlzufühlen. Ihr macht die Arbeit Freude. Sie ist nicht in Gefahr, in einen Burn-out zu geraten. Denn ihr Beruf entspricht ihrem innersten Bild. Sie freut sich, wenn sie anderen Menschen einen Raum von Geborgenheit und Angenommensein und von Lebensfreude vermitteln kann.

Der dritte Weg: Ich schaue meine Lebensgeschichte an und erinnere mich an meine Verletzungen. Dieser Weg mag auf den ersten Blick eher negativ sein. Wir schauen gerade auf das, was uns am Leben gehindert hat, was uns gekränkt und verwundet hat. Aber das Paradox ist eben, dass wir in den Verletzungen auch den Schatz entdecken können, der in uns ist. Hildegard von Bingen meint, die Kunst der Menschwerdung bestehe darin, die Wunden in Perlen zu verwandeln. Dort, wo ich verletzt worden bin, komme ich auch in Berührung mit dem Schatz in mir, mit meinen Fähigkeiten. Ich habe etwas Schlimmes erlebt. Aber ich habe es überlebt. Ich bin daran gewachsen. Die Wunden zwingen mich, auf dem Weg zu bleiben, weiter zu suchen nach meinem wahren Selbst. Die Wunden brechen mich auf für mein wahres Selbst. Da fallen alle Masken ab und ich erkenne, wer ich bin. Und die Wunden machen mich sensibel für die anderen Menschen. Viele Menschen, die selbst als Kind verletzt worden sind, sind gute Psychologen, Ärzte, Seelsorger oder Erzieher geworden. Und viele, die in ihrer Kindheit Unrecht erfahren haben, sind gute Juristen geworden. Viele haben ihre Fähigkeiten gerade in ihren Verletzungen erkannt. Die Verletzungen haben sie stärker werden lassen. Sie haben sich durch das Leben gekämpft. Jetzt sind sie fähig, auch schwierige Situationen durchzustehen. Das gelingt allerdings nur, wenn ich mich den Verletzungen meiner Lebensgeschichte gestellt habe. Wenn ich sie überspringe, werde ich sie wiederholen. Dann werde ich immer in Situationen geraten, in denen ich genauso verletzt werde wie damals.

Der vierte Weg besteht darin, dass ich einen Nachruf auf mich und mein Leben schreibe. Das Schreiben meines Nachrufs zwingt mich, mir bewusst zu machen, was ich denn eigentlich mit meinem Leben vermitteln wollte, welche Lebensspur ich in diese Welt eingraben möchte. Eine Variante für den Nachruf wäre: Ich stelle mir vor, dass es nur noch wenige Tage sind, bis ich sterbe. Daher schreibe ich einen Brief an einen Freund, meinen Ehepartner oder an meine Kinder. Ich schreibe den Brief *mit dem Thema: Was wollte ich in meinem Leben vermitteln? Was ist die Botschaft, die ich mit meinem ganzen Leben den Menschen verkünden wollte? Welches Vermächtnis möchte ich Dir/Euch hinterlassen? Was ist das, was mich immer wieder motiviert hat, weiterzuarbeiten, mich weiter zu engagieren, nicht aufzugeben, sondern täglich neu anzufangen, das, was mir wichtig war, zu leben und den Menschen zu vermitteln? Wenn ich so einen Brief schreibe, zwingt er mich, über die Lebensspur nachzudenken, die ich eigentlich in diese Welt eingraben möchte. Vielleicht schreibe ich manchmal zu große Worte, die von meinem Leben nicht gedeckt sind. Das macht nichts. Entscheidend ist, dass ich beim Schreiben entdecke, dass ich nicht nur so in den Tag hineinleben möchte, sondern dass ich mit meinem Leben, mit meiner Person eine Botschaft an die Menschen habe: dass ich meine ganz persönliche Lebensspur für die Menschen deutlich machen möchte.*

STEFAN MÜLLER

Erkenntnisse beim Rückblick: Was hatte Einfluss auf mein Arbeitsverhalten?

Schon in der Schule stellt mancher fest, dass Leistung nicht nur von der Begabung für und der Neigung zu einem Fach bestimmt wird, sondern dass »atmosphärische« Rahmenbedingungen von maßgeblicher Bedeutung für den Erfolg sein können.

Da erreicht ein Schüler kontinuierlich gute Noten in Physik, bis ihn ein anderer Lehrer durch die Art der Wissensvermittlung »verfehlt« – er fällt auf gerade noch ausreichende Bewertungen ab. Da tut sich jemand mit Französisch unendlich schwer, bis er für eine neue Lehrerin zu schwärmen beginnt – plötzlich paukt er Vokabeln und überwindet in kurzer Zeit alle Sprachbarrieren.

Vor Kurzem hat Prof. Dr. Gerald Hüther, Leiter der Abteilung für neurobiologische Grundlagenforschung an der Psychiatrischen Klinik der Universität Göttingen, einen bemerkenswerten Vortrag gehalten im Hinblick auf die Frage, was unser Gehirn in welcher Lebensphase leisten kann. Er negiert dabei sehr deutlich die immer noch weit verbreitete Vorstellung, dass unsere geistige Leistung im Alter früh und unwiderruflich abnimmt. Stattdessen kommt es aus seiner Sicht in erster Linie auf die persönliche Motivation an. Er beschreibt das mit einem humorvollen Bild, das für sich spricht:

»*Natürlich könnte ein 85-Jähriger noch Chinesisch lernen. Hirntechnisch ist das kein Problem. Er müsste sich nur noch mal so richtig begeistern. Das heißt mit anderen Worten: Er müsste sich rettungslos in eine hübsche, junge, 65-jährige Chinesin verlieben.*« (Ganz nebenbei: So relativ ist jung!)

Ich will mit drei weiteren Beispielen zeigen, wie individuell der Einfluss auf unser Arbeitsverhalten ist, dabei aber auch sichtbar machen, dass äußere Umstände sehr unterschiedlich wirken:

Ein Mitarbeiter fühlt sich im Einzelbüro isoliert. Vielleicht braucht er Kommunikation und Austausch als Lebenselixier, vielleicht hat er auch »nur« Angst, übersehen oder übergangen zu werden. Ein anderer fühlt sich im Großraumbüro ständig beobachtet und verbraucht ungeheuer viel Energie damit, die akustischen und optischen Störungen auszublenden und sich konzentrieren zu können.

Die eine Führungskraft ist nur nach Voranmeldung gesprächsbereit, weil sie das ständige Springen von Thema zu Thema nur mühsam verkraftet. Beim anderen Chef steht die Tür immer offen als sichtbare Einladung zur »Störung«.

Während Sekretärin A von ihrem Chef endlich klare Anweisungen erwartet, wehrt sich Sekretärin B gegen die ständige Bevormundung und will selbstständig über ihre Vorgehensweise entscheiden.

Im Laufe unserer beruflichen Entwicklung erleben wir Höhen und Tiefen, die keineswegs immer die gleichen Ursachen haben müssen – sie können ebenso in einer Aufgabe zu finden sein, die unseren Fähigkeiten und Neigungen nicht optimal entspricht, wie auch in Personen über, neben oder »unter« uns. Und während mancher in einem Kellerbüro Software entwickelt und für ihn die Frage völlig nebensächlich ist, ob es draußen Sommer oder Winter, Tag oder Nacht ist, entscheidet sich das Wohlbefinden eines anderen sehr wohl auch daran, ob er vor dem Bürofenster Bäume oder eine Betonwand sieht.

Wenn Sie einmal Ihren beruflichen Werdegang zurückverfolgen – zu welchen Einsichten sind Sie gekommen? Ein paar Stichworte als Anregung:

- Fach- und Sachgebiete
- Arbeitsweise
- Vorgesetzte
- Kollegen
- Mitarbeiter (-führung)

- räumliche Umgebung
- Unternehmensgröße
- Arbeitszeit/Freizeit

Achtung: Legen Sie diese Liste weg, bevor Sie Ihre Gedanken zu Papier bringen. Es ist nicht Sinn dieses Kapitels, dass Sie alle Punkte »abarbeiten«, vielmehr sollen Ihre eigenen markanten Erfahrungen zur Sprache kommen.

- Wann waren Sie besonders motiviert und engagiert, wann kurz davor, alles »hinzuwerfen« oder »davonzulaufen«? Was spielte in solchen Situationen die Hauptrolle?

Lassen Sie sich für dieses Kapitel Zeit – in den Erkenntnissen beim Rückblick liegt die Chance, zentrale Einflussgrößen zu erkennen und sogenannte »Nebensächlichkeiten« in ihrer Wirkung künftig nicht mehr zu unterschätzen.

Erkenntnisse beim Rückblick

....

....

....

....

....

....

....

Woher kommt der Gedanke, einmal etwas »ganz anderes« machen zu wollen?

Eine einfache Antwort ist schnell parat: Wenn jemand unzufrieden mit seiner jetzigen Tätigkeit ist, sucht er nach Alternativen. Leider haben einfache Antworten einen Nachteil: Sie sind manchmal *zu* einfach ...

Ist es nicht seltsam, dass notorische Nörgler entsetzt protestieren, wenn man ihnen die Ursache ihres Unmuts wegnehmen will? Ist es nicht erstaunlich, dass Menschen Jahre oder Jahrzehnte über ihren Arbeitgeber schimpfen, aber keinesfalls an Wechsel denken und spätestens im Ruhestand mit leuchtenden Augen von »meinem Unternehmen« sprechen?

Ist es Zufall, dass Topmanager, die ihr Leben lang Führungspositionen eingenommen und mit sichtlicher Begeisterung ausgefüllt haben, in der »dritten Lebensarbeitszeit« beziehungsweise im »Ruhe«stand auf einem ganz anderen Feld aktiv werden? Und vielleicht doch wieder in die alte Rolle fallen? Ist es erstaunlich, dass manche Sportler trotz erheblicher körperlicher Beanspruchungen das zweite oder dritte Comeback »feiern«? Weil das »ihre« Welt ist? Und vielleicht auch, weil ihnen die Idee beziehungsweise Perspektive der zweiten Karriere fehlt?

So unterschiedlich die Menschen sind, so unterschiedlich sind ihre Antriebe (Motivatoren). Für den einen ist Macht berauschend, ein anderer lebt davon, von seiner Umgebung »geliebt« zu werden. Während den einen das Streben nach Perfektion antreibt, weidet sich ein anderer an seiner Improvisationskunst. Einer möchte möglichst jeden Tag »gesehen« werden, ein anderer wirkt lieber im Stillen.

Die jeweils stärksten Motivatoren dominieren unser Verhalten über eine mehr oder weniger lange Lebenszeit. Mit dem Erreichen wesentlicher Ziele oder dem Eintritt in eine neue Lebensphase tritt jedoch oft eine gewisse Sättigung oder Erschöpfung ein, und manche Ziele verlieren ihre Bedeutung. Und mit der Enttäuschung hoher Erwartungen geht eine realistischere Re-Definition einher oder auch ein Stück Resignation.

Plötzlich entdeckt man die vernachlässigten Antriebe, aus denen man bisher keine Befriedigung geschöpft hat, die ungenutzt blieben oder kaum eingesetzt wurden, die man vielleicht sogar verdrängt hat, die aber gleichwohl »auf Abruf« stehen.

Der Machtmensch, bisher auf Feinde eher stolz, schätzt auf einmal menschliche Wärme. Der nüchterne Systematiker, schnell mit dem Urteil »Chaot« zur Stelle, entdeckt den Reiz gestalterischer Freiheit. Jeder von uns ist also ein vielschichtiges Wesen, und im Laufe der Jahre wird unter bestimmten Umständen eine bisher verdeckte »Schicht« sichtbar.

Doch das ist nur ein Teil der Erklärung. Keiner von uns kann sich den Anforderungen und Erwartungen seiner Umgebung völlig entziehen, zum Zweck der Selbsterhaltung (aus wirtschaftlicher Notwendigkeit) ebenso wie aus dem Bedürfnis sozialer Nähe heraus. Dies führt dazu, dass wir uns Zwängen unterwerfen (müssen), die von einer bestimmten Umgebung definiert werden oder von denen wir glauben, dass sie den Erwartungen der anderen entsprechen.

Im Laufe der Jahre ändern beziehungsweise verringern sich manche der (tatsächlichen oder vermeintlichen) Zwänge und Abhängigkeiten: Veränderte familiäre Verhältnisse, neue Freunde, ein anderer Arbeitsplatz oder Arbeitgeber, neue Vorgesetzte oder Kollegen, größere wirtschaftliche Unabhängigkeit, bereits erlangte Anerkennung und so weiter geben Raum für Pläne und Ziele, die bisher unrealistisch erschienen.

Und ganz langsam traut man sich den lange unterdrückten Gedanken zu, einmal »etwas ganz anderes« zu machen. Man weist sich nicht mehr sofort zurecht (»Sei froh, wenn du einen sicheren Arbeitsplatz und ein gutes Auskommen hast«), nimmt gelassener, von einigen nicht verstanden zu werden (»Glauben Sie im Ernst, Sie könnten allen Problemen aus dem Weg gehen?«), wird sensibler für die Signale des eigenen Körpers (»Ich fühle mich in letzter Zeit so ausgelaugt«) und spürt, dass die Aggressivität in der Familie in Wirklichkeit ein Hilferuf des Partners oder der Kinder ist.

Anselm Grün hat uns mit dem Ruf Gottes konfrontiert, der an uns ergeht. Er hat die Fischer beschrieben, die einerseits alles hinter sich gelassen haben, was ihnen gewohnt und vertraut war, und doch das Bild des Fischens als »Menschenfischer« mitgenommen haben.

Ich erlebe allzu oft, dass die Bindung an einen Ort verhindert, dem inneren Ruf zu folgen. Sicherlich gibt es manchmal handfeste Gründe, die örtliche Umgebung beziehungsweise die Region, in der man gerade lebt, *jetzt* nicht zu verlassen. Wenn zum Beispiel nach langem Suchen eine besondere Schule gefunden wurde, die mit Hochbegabung oder Lernschwächen der Kinder professionell und förderlich umgehen kann, oder wenn die Eltern betreut werden und nicht mit umziehen können, sind das starke Argumente, persönlich zurückzustehen. Aber ganz oft werden auch Gründe vorgeschoben, um die eigene Bequemlichkeit zu schützen: Besonders gerne wird auf die Kinder verwiesen, die man zum Beispiel nicht von ihren Freunden trennen will. Nach meiner Wahrnehmung reagieren zwar Kinder zunächst oft abwehrend beim Gedanken an einen Umzug, sie sind später aber auch die ersten, die sich in der neuen Umgebung zurechtfinden und in kurzer Zeit neue Kontakte knüpfen.

Jesus reagierte einmal sehr harsch, als ihm Menschen erklären wollten, dass sie ihm *jetzt* noch nicht nachfolgen könnten, weil sie dies und das zu erledigen hätten. Selbst eine Beerdigung oder der Abschied von den Hausgenossen schien ihm weniger wichtig, als sofort seinem Ruf zu folgen (vgl. Lukas 9,59–62). Wobei ich hier ausdrücklich betonen will, dass nicht jede an Sie herangetragene innerbetriebliche Versetzung gleichzustellen ist mit einem inneren Ruf! Gerade hier ist im Gegenteil zu prüfen, ob es wirklich (auch) um Sie geht oder nur um die Interessen eines Vorgesetzten oder der Firma.

Es gibt ein weiteres Beispiel für einen Ruf von Jesus mit ganz anderem Ausgang: Der »reiche Jüngling« sollte sich von etwas trennen, seine Güter verkaufen (vgl. Matthäus 19,21–22). Für mich ist das ein Bild für die Abhängigkeiten, die uns den Weg zu unserer Berufung versperren. Das kann in der Last von Besitz, Eigentum oder Erbe ebenso geschehen wie in der Bindung an eine gesellschaftliche Schicht oder ein Ansehen, dem wir unsere Zeit und Kraft opfern und dabei mit immer mehr Aufwand etwas darstellen, was wir in Wirklichkeit nicht (mehr) sind.

Der reiche Jüngling konnte letztlich nicht loslassen, er konnte dem Ruf nicht folgen. Bemerkenswert ist dabei, dass er danach »betrübt« davonging: Seine Entscheidung machte ihn auch nicht glücklich. Wer seinem Ruf folgen möchte, muss gegebenenfalls etwas hinter sich lassen und in Kauf nehmen, dass sich seine Lebensverhältnisse ändern können. Das kann zum Beispiel im bewussten Verzicht auf Einkommen zugunsten von mehr Lebensqualität geschehen, aber auch den Verlust von sogenannten Freundschaften bedeuten, die nur auf Basis eines Wettbewerbs um noch mehr Darstellung und Fassade bestehen.

JETZT also sollten Sie die Chance zum Querdenken nützen. Überlegen Sie einmal, was Sie früher besonders gerne gemacht haben. Lassen Sie Ihren beruflichen Jugendtraum wieder aufleben. Hören Sie auf die Stimme »eigentlich wollte ich schon immer mal ...« oder »ich träume davon, mal das zu machen« oder »wenn ich könnte, wie ich wollte, dann ...«.

Bevor Ihr Eltern-Ich Sie jetzt gleich wieder zur Ordnung ruft, bitte ich Sie, diesen Gedanken nachzugehen. Denn selbst wenn Sie feststellen sollten, dass Sie nicht jeden Traum verwirklichen können, geben solche Gedanken wichtige Signale für Ihre Bedürfnisse, die hinter anderen Berufsbildern und Lebensformen stecken. Allein mit der Betrachtung dieser Bedürfnisse haben Sie schon etwas sehr Wesentliches gewonnen: einen ehrlichen Blick auf das, was Sie in einer neuen Tätigkeit suchen sollten und vielleicht sogar in Ihrem bisher angestammten Gebiet – zumindest ein Stück weit – finden können. Vielleicht stellen Sie aber auch fest, dass es nur ein wenig Mut erfordert, die Meinung der Unbeweglichen in Ihrer Umgebung zu ignorieren und einen eigenen, neuen Weg zu gehen.

Ideen für »etwas ganz anderes«

. . . .

. . . .

. . . .

. . . .

. . . .

. . . .

. . . .

. . . .

. . . .

. . . .

. . . .

. . . .

. . . .

. . . .

. . . .

. . . .

Was verbirgt sich hinter meinen Wünschen und Träumen?

Ist Ihnen nicht auch schon einmal der Gedanke gekommen, sich selbstständig zu machen? Vielleicht, nachdem Sie sich gerade mal wieder fürchterlich über Ihren Chef geärgert haben? Spielte dabei der Satz eine Rolle: »Ich will endlich mal mein eigener Herr sein«?

Rund 80 Prozent aller Berufstätigen denken irgendwann einmal daran, Unternehmer zu werden. Doch nur etwa 5 Prozent setzen die Idee später in die Tat um. Woher kommt diese große Differenz? Wünsche sind ein Signal unserer Bedürfnisse!

Vielleicht kennen Sie solche Gedanken:

»Nach meinen Erfahrungen mit diesem Vorgesetzten will ich nie wieder einen ›vor mir‹ haben.«

»Den jahrelangen Zwang, morgens vor 6.00 Uhr aufzustehen, um pünktlich im Büro zu sein, habe ich satt. Ich will endlich selbst bestimmen, wann ich anfange.«

»Um den Sticheleien der Kollegen zu entgehen, gehe ich frühestens um 18.00 Uhr nach Hause, obwohl das wechselnde Arbeitsaufkommen mal in sechs Stunden erledigt ist, mal in zwölf Stunden kaum bewältigt werden kann. Jetzt will ich keinem mehr Rechenschaft über die Arbeitszeit ablegen und die freien Stunden meiner Familie widmen.«

Allerdings: Nicht jeder kann mit dem Wegfall von Organisationsstrukturen umgehen. Für manchen sind klare und sichtbare Rahmenbedingungen wichtig, ein anderer braucht das Team um sich und würde als Einzelkämpfer untergehen.

Je nach Lebensphase und -situation können aber auch ganz andere Themen eine Rolle spielen. In jungen Jahren kann es wichtig sein, endlich einmal richtig Geld zu verdienen. In späteren beruflichen Phasen sehnt sich vielleicht jemand danach, etwas Führungsverantwortung abzugeben und sich wieder mehr der sachlichen Auseinandersetzung mit Inhalten zu widmen.

In einer Zeit persönlicher Unabhängigkeit reizt das Ausland oder eine intensive Reisetätigkeit. Später gibt es Situationen, in denen die Begrenzung der Arbeitszeit im Vordergrund steht, um privaten Verpflichtungen oder Bedürfnissen nachzukommen.

- Wie lauten Ihre Zitate? Was wäre Ihnen am wichtigsten, wenn Sie sich den »optimalen Job« heraussuchen dürften?

Bitte prüfen Sie noch nicht, in welcher Art und Weise Ihren Wünschen Rechnung getragen werden kann. Hier geht es um die Beschreibung des Optimalzustands.

Manchmal hilft ein Bild, diese Gedanken zuzulassen: Stellen Sie sich vor, eine Firma wollte Sie unbedingt als Mitarbeiter gewinnen und der Gesellschafter oder Geschäftsführer würde Sie nach den fünf wichtigsten Wünschen für Ihre künftige Tätigkeit fragen. Welche fünf (bitte nicht nur zwei oder drei!) Bedürfnisse würden Sie mit einer optimalen Aufgabe verbinden? Was würde Sie jeden Tag voller Freude aufstehen und zur Arbeit gehen lassen? Was würde Sie am Ende des Tages wirklich glücklich machen?

Nehmen Sie sich Zeit, von optimalen Arbeitsbedingungen zu träumen. Auf dem Weg vom Beruf zur Berufung dürfen Sie diesen Schritt auf keinen Fall auslassen.

Zitate für die »optimale Arbeit«

1.

....

....

....

....

2.

....

....

....

....

3.

....

....

....

....

4.

....

....

....

....

5.

....

....

....

....

6.

....

....

....

....

Fünf Wünsche an meine künftige Tätigkeit

1.

....

....

....

....

2.

....

....

....

....

3.

....

....

....

....

4.

....

....

....

....

5.

....

....

....

....

ANSELM GRÜN

Wer bin ich? – Das Bild Gottes in mir entdecken

Die Frage, die jeden Menschen umtreibt, lautet: Wer bin ich? Was ist mein wahres Selbst? Es gibt ein paar theologische Antworten auf diese Frage und einige spirituelle Wege, um diese Frage nicht nur theoretisch zu beantworten, sondern dem Geheimnis des wahren Selbst nahe zu kommen. Die theologische Antwort ist, dass wir nicht nur Kinder unserer Eltern sind, sondern Kinder Gottes. Wir sind – so heißt es im berühmten Prolog des Johannesevangeliums – »nicht aus dem Blut, nicht aus dem Willen des Fleisches, nicht aus dem Willen des Mannes, sondern aus Gott geboren«. (Johannes 1,13)

Diese theologische Aussage hat Thomas von Aquin so gedeutet, dass jeder Mensch ein einmaliges Bild Gottes ist. Gott macht sich von jedem Menschen ein einzigartiges Bild. Und unsere Aufgabe ist es, dieses einmalige Bild Gottes in dieser Welt sichtbar werden zu lassen. Dabei ist es klar, dass wir das Bild immer auch verstellen und verdunkeln durch unsere eigene Begrenztheit und durch unsere Fehler und Schwächen. Es ist unsere Aufgabe, diesem Bild immer ähnlicher zu werden. So haben die griechischen Kirchenväter das Wort aus dem Schöpfungsbericht gedeutet: »Dann sprach Gott: Lasst uns Menschen machen als unser Abbild, uns ähnlich.« (Genesis/ 1 Mose 1,26) Wir sind Bild Gottes. Aber unsere Aufgabe ist es, diesem Bild immer ähnlicher zu werden und dadurch das Potenzial zu entfalten, das Gott in unser Menschsein hineingelegt hat.

Romano Guardini hat eine andere theologische Deutung für die Frage »Wer bin ich?« gegeben. Er meint, Gott spreche über jeden Menschen ein

Urwort, gleichsam ein »Passwort«, das nur für diesen einen Menschen passt. Und unsre Aufgabe bestehe darin, dieses einmalige Wort Gottes in dieser Welt vernehmbar werden zu lassen. Jeder ist gleichsam auch ein fleischgewordenes Wort Gottes.

Jesus ist das eigentliche Wort Gottes. In ihm leuchtet für uns »die Herrlichkeit des einzigen Sohnes vom Vater, voll Gnade und Wahrheit« (Johannes 1,14) auf. Aber Gott spricht auch in uns Worte, die aus seinem Herzen kommen. Das hat die Kirche in dem Begriff des Propheten zum Ausdruck gebracht. In der Taufe werden wir zum Propheten gesalbt. Prophet sein heißt, dass ich etwas von Gott zum Ausdruck bringe, was nur durch mich ausgedrückt werden kann.

Die spirituelle Tradition hat Wege entwickelt, mit diesem einzigartigen Bild und mit diesem einmaligen Wort Gottes in uns in Berührung zu kommen. Der erste Weg ist ähnlich wie bei der Lebensspur. Ich spüre in mich hinein, ob ich mit mir im Einklang bin, ob ich mit diesem inneren Wort oder Bild übereinstimme. Wenn ich in mir Frieden und Lebendigkeit spüre, darf ich vertrauen, dass ich in Berührung bin mit meinem Bild und meinem Wort.

Der zweite Weg geht über die Frage: Wer bin ich? Ich stelle diese Frage immer weiter. Zunächst werde ich die bekannten Antworten geben: Ich bin Mann, Sohn von Wilhelm und Mathilde Grün, Deutscher, Bayer, Mönch, Priester, Cellerar, Autor, Redner, Kursleiter, geistlicher Begleiter. Aber all das sind Äußerungen meines Ich, es ist nicht das eigentliche Ich. Durch all die Antworten, die in mir auftauchen, gehe ich immer weiter, bis ich auf den innersten Kern stoße. Doch diesen inneren Kern kann ich nicht mehr beschreiben. Das wahre Selbst kann ich nicht ausdrücken. Es ist nur eine Ahnung, dass ich einmalig und einzigartig bin. Ich gelange in den Grund meiner Seele, in dem ich das Geheimnis meiner Person erahne, aber nicht mehr beschreiben kann.

Ein ähnlicher Weg geht über die Übung, das Wort zu wiederholen, das Jesus nach seiner Auferstehung gesagt hat: »Ich bin ich selbst.« (Lukas 24,39) Beim Aufstehen sage ich mir vor: »Ich bin ich selbst.« Beim Frühstück, bei der Arbeit, in einer Sitzung, in der Begegnung mit einem Freund, im Gespräch mit einem Kunden, immer wieder sage ich mir:

»Ich bin ich selbst.« Dann merke ich, dass ich oft nicht ich selbst bin. Ich passe mich vielmehr an, damit ich bei den anderen ankomme und beliebt bin. Ich verbiege mich. Ich spiele verschiedene Rollen. Aber das authentische Selbst kommt oft nicht zum Ausdruck. Wenn ich mir dieses Wort immer wieder vorsage, bekomme ich auch eine Ahnung davon, was es heißt, ganz ich selbst zu sein. Dann bin ich ursprünglich und authentisch. Und wenn ich authentisch bin, wenn ich mit dem »autos«, dem Selbst, übereinstimme, dann bin ich frei von allem Druck, mich beweisen zu müssen. Ich muss auch nicht beweisen, dass ich authentisch bin. Ich muss es nicht allen recht machen. Ich bin frei von dem Druck, mich den anderen so anzupassen, dass ich bei ihnen ankomme. Ich bin einfach ich selbst. Das ist entspannend, befreiend. Und es spart Energie, mir nicht mehr den Kopf zu zerbrechen, wie ich mich anderen gegenüber verhalten sollte. Außerdem mache ich eine tiefe Gotteserfahrung. Denn Gott ist das reine Sein. Gott »ist« einfach. Wenn ich einfach nur bin, dann habe ich teil an Gott, an seinem Sein, an seiner Freiheit, an seiner Liebe. Wenn ich einfach nur bin, dann muss ich nicht lieben, dann bin ich einfach nur Liebe.

Wir können weder das Bild noch das Wort Gottes in uns beschreiben. Es ist immer nur eine Ahnung von diesem ursprünglichen Bild und dem einzigartigen Wort. Trotzdem können wir uns dem Wort annähern. Ich gebe manchmal bei Kursen den Menschen die Aufgabe: Sie sollten kurz innehalten, welche Worte Gott wohl in ihnen gesprochen hat und was sie mit ihrem Leben vermitteln wollen. Dann sollen sie es spontan auf einen Zettel schreiben. Dann liest jeder seinen Zettel vor und legt ihn in die Mitte. Es ist erstaunlich, was die Teilnehmer aufschreiben. Da schreibt jemand etwa: Liebe – Klarheit – Vertrauen – weites Herz – Harmonie – Lebendigkeit. Jeder schreibt etwas anderes. Auch wenn zwei oder drei das gleiche Wort schreiben, so tönt es durch ihre persönliche Stimme doch anders, wenn sie es vorlesen.

Wir dürfen vertrauen, dass das ursprüngliche Bild, das Gott sich von uns gemacht hat, im Laufe unseres Lebens immer stärker durchscheint. Spätestens im Tod wird dann dieses einmalige Bild in seinem unverfälschten Glanz aufstrahlen. Im Tod werden wir ganz und gar in dieses *ursprüngliche* Bild *Gottes in uns verwandelt.* Und *manchmal wird dieses unverstellte* Bild *dann auch den anderen* Menschen *ein wenig offenbar.* Oft *erkennen wir erst im* Tod, *wer dieser* Mensch *wirklich war, was ihn ausgemacht hat, was er in seinem* Leben *vermitteln wollte, was seine* Botschaft *an uns ist.*

STEFAN MÜLLER

Ich habe viel geleistet – kleine und große Erfolge als Spiegel persönlicher Fähigkeiten

Wenn Sie schon einmal ein Arbeitszeugnis erhalten haben, werden Sie dort in der Regel eine sogenannte »Würdigung« Ihres Arbeitsverhaltens finden. Vorausgesetzt, der Autor dieses Zeugnisses gibt sich Mühe, Ihrer Persönlichkeit und Leistung gerecht zu werden, erhalten Sie einige »wohlwollende« Beschreibungen der an Ihnen wahrgenommenen Eigenschaften und Fähigkeiten.

Wer beruflich Gelegenheit hat, sich mit Bewerbungen auseinanderzusetzen, macht die Erfahrung, dass er sich mit vielen Behauptungen beschäftigen muss, jedoch selten Beweise dafür erhält. Dies gilt für schriftliche Unterlagen ebenso wie für die mündliche Selbstdarstellung.

Somit spielen subjektive Eindrücke eine unnötig starke Rolle bei der Beurteilung der Qualifikation eines Bewerbers. Da ist zum ersten die äußere Wirkung der Bewerbungsunterlagen, deren Aufmachung, die Darstellung und Präzision der Angaben in einem Lebenslauf. Es geht dann weiter in einem Telefongespräch, in dem der Bewerber mehr oder minder präzise Beschreibungen auf die Fragen »Wer bin ich?«, »Was kann ich?«, »Was will ich?« ausdrücken kann.

Im persönlichen Vorstellungsgespräch selbst findet in den meisten Fällen auch (nur) ein ausführlicher Kommunikationstest statt. Die Angaben des Lebenslaufs liegen ja meist schon auf dem Tisch. Das benachteiligt Menschen, die bei mündlicher Kommunikation weniger extrovertiert und selbstbewusst agieren.

Und doch – jeder kann wesentlich an seiner Wirkung arbeiten, ohne eine Fassade vor sich herzutragen. Die Auseinandersetzung mit dem Thema Beruf und Berufung entscheidet schon sehr wesentlich, ob Sie den Eindruck vermitteln, im Einklang mit Ihrer jetzigen beziehungsweise der angestrebten Aufgabe zu sein. Und ganz wichtig ist die Frage, welches Verhältnis Sie zum Thema »Erfolg« haben.

Ich will dazu ein wenig ausholen. Mancher von uns stammt aus einer Generation, der »Glaubenssätze« wie »Mehr sein als scheinen«, »Ich musste nie um eine Gehaltserhöhung betteln«, »Am Ende zählt die Leistung« und so weiter eingetrichtert wurden. Und mancher wurde in seiner christlichen Erziehung mit einem eigenartigen Demutsbegriff konfrontiert, der dazu führte, dass er sich weder zeigte noch um seine Bedürfnisse kämpfen lernte.

Das Zitat aus Psalm 35 von den »Stillen im Lande« wurde von Gerhard Tersteegen (1697–1769) aufgegriffen und auf sich und seine Freunde bezogen. Davon wiederum wurde der schwäbische Pietismus infiziert, und es ist schon erstaunlich, wie lange sich diese Selbsteinordnung als geflügeltes Wort und Handlungsanweisung gehalten hat.

Leider gelten heute häufig gegenteilige Regeln. »Tue Gutes und rede darüber« ist die freundlich gemeinte Variante, aber viele beklagen sich – vor allem in großen Konzernen – darüber, dass diejenigen mit der Gabe der Selbstdarstellung weit mehr Beachtung bekommen als die Fachkundigen, die eigentlich etwas zu sagen hätten, es aber nicht oder nur leise tun. Bevor Sie darüber jetzt ins Lamentieren geraten, sollten Sie also überlegen, wie Sie durch substanzielle Botschaften Aufmerksamkeit und Beachtung erreichen.

Für die Erforschung persönlicher Fähigkeiten und deren erfolgreiche Darstellung gibt es eine Methode, die sichere Aussagen aus der Praxis erlaubt – Sie müssen Beweise sammeln! Wie sieht das in der Durchführung aus?

Sie werden täglich mit *Situationen* konfrontiert, die Aktionsbedarf signalisieren. Immer da, wo die Zusammenarbeit, ein Vorgang, ein Produkt, die Organisation und so weiter reibungsloser, hochwertiger, schneller, einfacher, preiswerter, innovativer ... gemacht werden kann oder muss, entfalten Sie Ihre spezifischen Fähigkeiten. Jedes Mal bei anderen Problemstellungen und in anderen Situationen.

Ihr *Einsatz* kann dabei ebenso aus einem Geistesblitz wie auch aus einem kompletten Lösungskonzept bestehen, einem einzelnen Vorschlag oder der Koordination vieler Aktivitäten, einem schnellen Handgriff oder einem strapaziösen und zeitraubenden Projekt. Wesentlich ist, dass Sie ein Ergebnis erreichen, das einen *Fortschritt* bedeutet.

Im Hinblick auf den Wunsch, die eigenen Fähigkeiten besser »verkaufen« zu können, müssen Sie nun einige Punkte beachten. Dazu dient die folgende Methode, für die Sie Papier und Stift brauchen.

S – E – F – Methode

- **S**: Situation
- **E**: Einsatz
- **F**: Fortschritt

S – E – F – Vorgehensweise Blatt A

S: Jeder von uns hat die Erfahrung gemacht: Eine umständliche, komplizierte, detailreiche Schilderung ermüdet den Zuhörer und führt dazu, das Wesentliche mit dem Unwesentlichen zu verwechseln. Schildern Sie also bitte die von Ihnen erlebten Situationen

- knapp (2–3 Sätze)
- konkret (am einzelnen Fall)
- verdichtet (auf das Hauptproblem)

Allerdings: Bitte schreiben Sie keine Stichworte auf, sondern GANZE SÄTZE! – Das mag Ihnen zunächst überzogen erscheinen. Aber Sie nehmen vorweg, was Sie später dringend brauchen und in der Praxis viel mehr Schwierigkeiten macht als erwartet: den knappen, klaren sprachlichen Ausdruck eines Sachverhalts.

E: In unserem Kulturkreis gilt es als »unschicklich«, Sätze – besonders in Briefen – mit »ICH« zu beginnen. Aus diesem Grund haben wir uns diesen Satzanfang abgewöhnt.

Aber wir gehen noch weiter: Auch mitten in einem Gespräch hören wir häufig »Man«, »Das Team«, »Die Abteilung« machte ..., »Wir« machten ..., »Es« wurde gemacht ... und so weiter.

Aber wessen Stärken und Fähigkeiten wollen Sie eigentlich beweisen? Doch ganz allein IHRE! Deshalb raten wir Ihnen:

- Mut zum »ICH« bei der Schilderung ihres Einsatzes.
- Dazu gehört nun aber auch ein AKTIVES VERB.

Und auf die Gefahr, bei Sprachwissenschaftlern in Verruf zu geraten, möchte ich hier ergänzen: Es gibt im Sinne unserer Zielsetzung »aktivere« und »weniger aktive« Verben. – Ein Beispiel? Gerne:

»Ich entwickelte zusammen mit meinen Mitarbeitern ein Konzept ...«
klingt anders als
»Ich wies meine Mitarbeiter an, ein Konzept zu entwickeln ...«

Und noch ein – subjektiver – Impuls zur sprachlichen Darstellung: Im Deutschen verwenden wir sehr oft das Perfekt in gesprochener und geschriebener Sprache. »Ich habe ... (gemacht)« findet sich in manchem Anschreiben fünf oder sechs Mal, und unsere mündliche Ausdrucksweise ist voll davon. Versuchen Sie einmal, sich der präziseren Grammatik der romanischen Sprachen anzunähern und in der Vergangenheit beendete Aktivitäten im Imperfekt (Präteritum) darzustellen. Sie werden erstaunt sein, wie Ihre Sprache an Kraft und Klarheit gewinnt.

Achten Sie nun auf folgende Hinweise bei der Darstellung Ihres Einsatzes:

- aktive Verben (die Ihre Leistung widerspiegeln)
- wieder nur 2–3 (ganze) Sätze
- nur die (zwei) wichtigste(n) Maßnahme(n)

F: Nun wollen Sie das Erreichte bewerten. Auch ein Zuhörer oder Leser wartet jetzt gespannt auf den erzielten Fortschritt. *Dass* ein Fortschritt eingetreten ist, überrascht niemand. Für die Beweisführung Ihrer Fähigkeiten reichen aber die Aussagen »schneller, billiger, besser, zuverlässiger« und so weiter häufig nicht. Es kommt darauf an, diesen Fortschritt nachvollziehbar, bewertbar, vergleichbar, sichtbar, »greifbar« und »merkbar« zu machen. Deshalb ist es notwendig, dass Sie möglichst oft

- quantifizieren (in Euro, Zeiteinheiten, Prozenten, Vergleichen, Auswertungen) oder
- belegen (durch Auszeichnungen, Beförderungen, Boni oder Ähnliches).

Es ist dabei durchaus möglich, dass Sie auch einmal eine Schätzung zu Hilfe nehmen. Allerdings sei vor Übertreibungen tunlichst gewarnt – dies dient weder der realistischen Selbsteinschätzung noch der Glaubwürdigkeit beim (unter Umständen versierten) Gesprächspartner.

Und es gibt auch von dieser Regel Ausnahmen: Vielleicht ist es Ihnen einmal gelungen, zwei heftig streitende Mitarbeiter wieder zu versöhnen oder zumindest zu einer konstruktiven Zusammenarbeit zu bringen. Dann ist das Ergebnis dieser Aktion nicht gleich messbar und dennoch sehr wohl spürbar!

Um eine verlässliche Aussage über Ihre starken Fähigkeiten zu bekommen und genügend Anknüpfungspunkte für verschiedene Situationen und Aufgaben bereit zu halten, benötigen Sie 10 bis 15 Beispiele! Machen Sie einen Gang zu Ihren einzelnen Berufs- und Lebenssituationen, denken Sie dabei durchaus auch an ein Beispiel aus dem Ehrenamt oder an eine private Situation, und sammeln Sie möglichst viele »S – E – F«-Ereignisse.

Die Ermittlung der Fähigkeiten

Bleibt die Frage, wie nun die Fähigkeiten aus diesen Beispielen abgeleitet werden können. Der Schlüssel zu Ihren hervorstechenden Qualifikationen liegt vor allem in den aktiven Verben. Wenn Sie etwas erfolgreich organisieren, steckt in Ihnen vermutlich »Organisationstalent«. Ihr Beitrag zu geringeren Aufwendungen lässt auf »Kostenbewusstsein« schließen. Haben Sie mehrmals interne Widerstände überwunden, deutet das auf Ihr »Durchsetzungsvermögen« hin. Geben Sie nicht schon nach ein oder zwei Fähigkeiten pro »S – E – F« auf. Es ist immer wieder erstaunlich, wie viele Hinweise auf Ihre Fähigkeiten in einem einzigen Beispiel stecken.

S – E – F – Vorgehensweise Blatt B

Listen Sie nun alle Fähigkeiten aus allen »S – E – F«'s zunächst unsortiert auf. Überlegen Sie dann, ob bestimmte Fähigkeiten zu einem gemeinsamen Oberbegriff zusammengefasst werden können. Danach zählen Sie die Anzahl der Nennungen und notieren das Ergebnis pro Fähigkeit. Gegebenenfalls addieren Sie diese Zahlen dann noch für den gemeinsamen Oberbegriff. Der Fähigkeit beziehungsweise dem Oberbegriff mit der häufigsten Nennung geben Sie nun den 1. Rang und so weiter.

Jetzt kennen Sie die Reihenfolge der Fähigkeiten, die wesentlich Ihre beruflichen und persönlichen Erfolge bestimmen.

S – E – F Blatt A Nummer: . . . .

S:

. . . .

. . . .

. . . .

E:

. . . .

. . . .

. . . .

F:

. . . .

. . . .

. . . .

Abgeleitete Stärken:

. . . .

. . . .

. . . .

S – E – F Blatt B

Liste der Stärken	Anzahl	Reihenfolge
....	....	....
....	....	....
....	....	....
....	....	....
....	....	....
....	....	....
....	....	....
....	....	....
....	....	....
....	....	....
....	....	....
....	....	....
....	....	....
....	....	....
....	....	....

Ganz allgemein betrachtet: Das sind meine Vorlieben und Abneigungen

In den vorausgehenden Kapiteln haben Sie sich viele Gedanken zur beruflichen und persönlichen Entwicklung gemacht. Jetzt möchte ich Sie einladen, einmal den Blickwinkel zu wechseln. Nicht nur Überlegungen zum Beruf, sondern zwei Fragen über alle Lebensbereiche hinweg sollen Sie in diesem Kapitel beschäftigen. Die erste dieser Fragen lautet:

- Wo liegen meine Vorlieben?

Die folgenden Anregungen sollen nur Denkanstöße für Ihre ganz persönlichen Antworten sein: Während sich der eine lieber mit einem Buch zurückzieht und alleine ist, sucht ein anderer die Nähe der Familie. Die eine bevorzugt kleine, vertraute Gesprächsgruppen und bekommt schon bei dem Begriff »Small-Talk« Gänsehaut, eine andere liebt gesellschaftliche Ereignisse und die Begegnung mit »neuen« Menschen. Ihren Lieblingssport schätzt die eine wegen der körperlichen Bewegung, eine andere mit dem Ziel, ihre Fähigkeiten im Wettbewerb mit sich selbst zu messen und zu steigern. Einer ist in seiner Freizeit leidenschaftlicher Jazz-Gitarrist, ein anderer genussvoller Hörer klassischer Musik. Die Beschäftigung mit der Natur macht den einen zum kreativen Gartenfreund, die Faszination der Technik einen anderen zum akribischen Modellbauer. Mancher verlässt den einen Bildschirm und setzt sich zu Hause vor den anderen, andere suchen den Ausgleich von Bits und Bytes in einer sozialen oder kirchlichen Aufgabe, wieder andere »leeren den Kopf« bei harter körperlicher Arbeit im Wald oder als Nebenerwerbslandwirt. Einer will eine dynamische oder spontane Umgebung, ein anderer zieht eine eher nachdenkliche und überlegte vor.

Sie sollen jetzt nicht die passenden Beispiele heraussuchen. Formulieren Sie Ihre eigenen Vorlieben, und seien Sie dabei bitte ehrlich zu sich selbst. Gerade die ungewöhnlichen Vorlieben zeigen vielleicht erst alle Facetten Ihrer Persönlichkeit.

Und dann kommt die zweite Frage:

- Wo liegen Ihre Abneigungen?

Auch wenn es zunächst so aussieht – das ist nicht nur die Gegenprobe zur ersten Frage. Sicherlich sind Vorlieben und Abneigungen häufig polarisiert angelegt – wenn jemand Small-Talk hasst, wird er gesellschaftliche Ereignisse nicht unbedingt suchen. Wen Unpünktlichkeit wütend macht, der wird selbst (hoffentlich) verlässlich sein.

Dennoch lohnt es unbedingt, für diese zweite Frage in sich »hineinzuhorchen« – welche Situationen, Ereignisse oder Anforderungen, welche Verhaltensformen lösen bei mir einen inneren Widerstand aus?

In der Regel schärfen diese Überlegungen wieder die Beobachtungsgabe für die sogenannten »Nebensächlichkeiten«, die Ihre Begeisterung für die Hauptsache und damit Ihre Leistungsfähigkeit empfindlicher beeinträchtigen können, als Sie es sich eingestehen wollen.

Da Ihre Reaktion auf bestimmte Aufgaben, Situationen oder Verhaltensweisen jedoch im Extremfall psychische und/oder physische Belastungen und Beeinträchtigungen bewirken kann, betreiben Sie mit dieser Analyse vielleicht sogar Ursachenforschung für seelische und körperliche Schmerzen oder Krankheiten, die im passenden Umfeld gänzlich zu vermeiden wären.

Meine Vorlieben

. . . .

. . . .

. . . .

. . . .

. . . .

. . . .

. . . .

. . . .

. . . .

. . . .

. . . .

. . . .

. . . .

. . . .

. . . .

Meine Abneigungen

. . . .

. . . .

. . . .

. . . .

. . . .

. . . .

. . . .

. . . .

. . . .

. . . .

. . . .

. . . .

. . . .

. . . .

. . . .

. . . .

Welche Eigenschaften prägen meine Persönlichkeit? Wie zeigt sich das?

Wer behauptet, ein intelligenter Mensch gebrauche niemals sogenannte »Schlagwörter«, ohne deren tiefere Bedeutung zu kennen, hat noch nie die Stellengesuche in der FAZ oder der Süddeutschen Zeitung gelesen. Sich selbst treffend und unverwechselbar zu charakterisieren, ist offenkundig eine schwierige Angelegenheit ...

Schlagwörter sind keinesfalls prinzipiell zu verdammen: Jeder Mensch braucht und benützt eine gewisse Typisierung, um sich und andere zu beschreiben, und er verwendet dabei Begriffe nach seiner ganz persönlichen Definition. Die mehr oder minder ausgeprägte Fähigkeit zur Differenzierung verstärkt oder reduziert allerdings die Neigung zum bewussten Gebrauch.

Viel problematischer ist aber, dass selbst erfahrene Personalfachleute und Führungskräfte sehr undifferenziert mit den Begriffen »Stärken« und »Schwächen« umgehen. Beide Begriffe werden aus dem ganz persönlichen Blickwinkel heraus »absolut« gesetzt, obwohl die Eigenschaften eines Menschen selten von vornherein eine Stärke oder Schwäche sind.

Zwei Überlegungen relativieren den Umgang mit diesen Begriffen:

Der erste Gedanke ist, dass die Ausprägung einer Eigenschaft immer relativ zu einer Vergleichsperson oder-gruppe betrachtet werden muss. In einer sehr sachlich denkenden und handelnden Umgebung kann ein wenig mehr Empathie schon herausragend sein, während das gleiche Ausmaß in einem Kreis sehr feinfühliger Menschen als eher unterdurchschnittlich wahrgenommen wird.

Der zweite Gedanke ist für die berufliche Orientierung von ganz wesentlicher Bedeutung: Eine Eigenschaft kann im Kontext der einen Aufgabe zur Stärke, in Bezug zu einer anderen Aufgabe zur Schwäche werden.

Ein Beispiel?

Wenn jemand die Fähigkeit besitzt, sehr konzentriert und ausdauernd an einer Sache zu bleiben und über viele Stunden hinweg ohne Konversation auskommt, kann er in der Forschung oder Software-Entwicklung hervorragende Arbeit leisten. Schickt man die gleiche Person in den Vertrieb, wird sie vermutlich scheitern.

Mauritius Wilde vergleicht in seinem Buch »Petrus und Paulus – Wer in Gruppen entscheidet« den »Verwalter-Typ« Petrus mit dem »Unternehmer-Typ« Paulus. Beide haben jeweils bemerkenswerte Fähigkeiten, aber beide kämpfen auch mit dem einen oder anderen extrem beziehungsweise wenig ausgeprägten Merkmal in ihrer Persönlichkeit. Und beide geraten deshalb über den richtigen Kurs der Gemeinde durchaus auch einmal in Streit.

Über die Aussage »Wir brauchen lauter Unternehmer im Unternehmen« kann ich nur immer wieder den Kopf schütteln. Was gäbe das für ein Hauen und Stechen, wenn in einem Unternehmen nur Unternehmer-Typen arbeiten würden, die alle an die Spitze streben würden, den Kurs bestimmen wollten, ihre eigenen Regeln schaffen würden und so weiter.

Wie schnell würde mancher Unternehmer oder Gutsbesitzer wirtschaftlich scheitern, wenn er nicht einen akribischen, sorgfältigen und absolut verlässlichen Verwalter hätte. Dem wiederum für eine zukunftsweisende und nachhaltige Unternehmensentwicklung wahrscheinlich die Vision fehlen würde.

Schreiben Sie in der folgenden Übung bitte 7 bis 10 Eigenschaften nieder, die Ihre Persönlichkeit treffend charakterisieren. Zu jeder dieser

Eigenschaften geben Sie dann eine kurze Schilderung, in welchen Situationen sich dieses Merkmal positiv zeigt und in welchen Momenten es sich negativ auswirkt.

Auch dazu ein Beispiel:
Die Eigenschaft könnte wie folgt beschrieben werden:

geduldig *Ich höre anderen Menschen zu, lasse sie ausreden und gebe ihnen Zeit, die passende Lösung zu finden.*

... aber

Es dauert manchmal sehr lange, bis ich weiterkomme, und gelegentlich wird meine Geduld auch ausgenützt. Ich stelle meine Forderungen oft zu spät und schade so mir selbst.

Sie sehen an diesem Beispiel, dass die gleiche Eigenschaft ganz unterschiedliche Folgen haben kann. Einerseits erlebt man Sie wahrscheinlich als sympathischen und verständnisvollen Gesprächspartner, andererseits bekommen vielleicht jene, die ungeduldiger reagieren, schneller ihre Ergebnisse.

Also: Suchen Sie nicht nur nach vermeintlich »guten« Eigenschaften – genau diese Unterscheidung ist nämlich ein weiteres Beispiel für das klischeehafte Denken bei diesem Thema. Ein Markenartikel-Verkäufer im Außendienst hat unter Umständen nur mit einem Schuss Aggressivität Erfolg, eine Eigenschaft, die bei uns eher negativ belegt ist. Anselm Grün mahnt immer wieder, die eigenen Aggressionen anzunehmen und als Energiequelle zu betrachten, die keinesfalls nur zerstörerisch wirkt, sondern nach Rückschlägen wieder aufstehen und für eine gute Sache kämpfen lässt.

Wenn Sie diese Übung sorgfältig durchgeführt haben, sind Sie gewappnet für ein gern verwendetes Thema im Vorstellungsgespräch, nämlich die

Frage »Was sind Ihre Stärken und Schwächen?« oder – von trickreicheren Interviewern verwendet – die Aufforderung: »Nennen Sie mir bitte drei Stärken und drei Schwächen von Ihnen.« Die letztgenannte Aufforderung führt fast immer dazu, dass die Bewerber drei Stärken nennen und bei den Schwächen ins Stocken kommen.

Mit der Betrachtung dieses Kapitels sind Sie in der Lage, differenziert und selbstkritisch über Ihre Eigenschaften zu sprechen, ohne sich selbst demontieren zu müssen. Wenn Sie zum Beispiel neue Sachverhalte sehr rasch erfassen und in kurzer Zeit hervorragende Lösungsansätze entwickeln, laufen Sie eben ab und zu Gefahr, den Kollegen davonzulaufen und ihnen nicht genügend Zeit zu lassen, Ihrem Tempo zu folgen. Wenn Sie dazu aber noch sagen können, dass Ihnen dieses Thema sehr wohl bewusst geworden ist und Sie sich deshalb Kontrollfragen angewöhnt haben, um alle mitzunehmen, wird Ihr Gesprächspartner sicher anders reagieren als auf die platte und überstrapazierte Aussage »ich bin ungeduldig«.

	Eigenschaft	Beschreibung
1.	....	....
		....
		....
		....
		....
		....
		....
		....
2.	....	....
		....
		....
		....
		....
		....
		....
		....

	Eigenschaft	Beschreibung
3.	....	....
		....
		....
		....
		....
		....
		....
		....
4.	....	....
		....
		....
		....
		....
		....
		....
		....

	Eigenschaft	Beschreibung
5.	....	....
		....
		....
		....
		....
		....
		....
		....
6.	....	....
		....
		....
		....
		....
		....
		....
		....

	Eigenschaft	Beschreibung
7.	....	....
		....
		....
		....
		....
		....
		....
		....
8.	....	....
		....
		....
		....
		....
		....
		....
		....

	Eigenschaft	Beschreibung
9.	. . . .	. . . .
		. . . .
		. . . .
		. . . .
		. . . .
		. . . .
		. . . .
		. . . .
10.	. . . .	. . . .
		. . . .
		. . . .
		. . . .
		. . . .
		. . . .
		. . . .
		. . . .

Wie erleben mich die Menschen in meiner engsten Umgebung?

In dem Rat »Liebe Deinen Nächsten wie Dich selbst« (aus Matthäus 22,37–39) verbirgt sich eine Bedingung: Nur derjenige kann den Mitmenschen in seinen Eigenheiten akzeptieren, der auch in der Lage ist, sich selbst anzunehmen.

Anders ausgedrückt könnte man sagen, dass nur derjenige gut zu anderen ist beziehungsweise sein kann, der auch zu sich selbst gut ist. Ich habe sehr oft Führungskräfte erlebt, die sich selbst kein ausgeglichenes Privatleben gönnen oder vor ihren privaten Themen auf der Flucht sind und deshalb auch den Mitarbeitern diesen Freiraum nicht zugestehen. Umgekehrt hat derjenige in aller Regel Respekt vor dem »ganzen Menschen« Mitarbeiter und seinen Bedürfnissen, der sich selbst in einem guten Maß zwischen Arbeit, Familie und Freunden, persönlichen Belangen und seiner Spiritualität befindet.

Nach meiner Erfahrung gibt es zu dieser Regel allerdings zwei Abarten:

Es gibt Menschen, die scheinbar nur gut zu anderen sind, sich also für andere verausgaben, jegliche Anstrengung unternehmen, es anderen recht zu machen, und dabei immer mehr in die Erschöpfung oder Verbitterung geraten. Hier ist zu fragen, ob sie nicht in Wirklichkeit ein eigenes Bedürfnis stillen wollen: gesehen zu werden, Anerkennung zu erfahren, letztlich geliebt zu werden.

Und leider gibt es auch Menschen, die nur sich selbst lieben. Es ist ihnen recht egal, was durch ihr Reden und Handeln bei anderen geschieht, sie sind von sich selbst so überzeugt, dass sie eigene Reflexion und einen kritischen Blick auf sich selbst für Zeitverschwendung halten.

Entsprechend interessant ist es, von anderen zu erfahren, wie sie uns sehen und welche Bilder bei ihnen auftauchen, wenn sie an uns denken. Auch Jesus interessierte sich dafür, wie ihn »die Leute« sehen. Wichtiger war ihm allerdings, welches Bild die Menschen in seiner nächsten Umgebung hatten (Vgl. Matthäus 16,13–16). Als er sich bei Petrus sicher sein konnte, dass er ihn als den erkannt hatte, der er war, konnte er ihm großes Vertrauen schenken und ihm seine herausragende Rolle geben (Matthäus 16,17ff).

Nun ist leider nicht gewährleistet, dass ein anderer empfängt, was ich senden *will*. Das Grundmodell der Kommunikation zeigt nicht nur die Beteiligten, sondern ebenso die möglichen Störquellen einer Signalübermittlung auf:

Sender ⟶ Übertragung ⟶ Empfänger

Gäbe es keine »Missverständnisse« unter Menschen, blieben der Menschheit wohl unzählige Konflikte erspart. Missverständnisse entstehen, weil jemand

- etwas anderes hört, als ich sage
- etwas anderes sieht, als ich zeige
- etwas anderes empfindet, als ich meine.

Ein weiterer gewaltiger Störfaktor der Wahrnehmung meiner Person durch andere liegt darin verborgen, dass ich glaube, bestimmten Erwartungen meiner Umgebung gerecht werden zu müssen.

Auf diese Weise ändern sich mein Verhalten und damit die an mir beobachteten Eigenschaften in verschiedenen Lebenssituationen unter Umständen beträchtlich. Ich passe mich an, spiele die eine oder andere Rolle. Ein kluger Mann sagte einmal: »Anpassungsfähigkeit bewegt sich zwischen Intelligenzleistung und Willenlosigkeit.«

Je mehr ich mich nach sogenannten »ungeschriebenen Gesetzen« richte beziehungsweise sie mir selbst auferlege, desto weniger entspricht mein sichtbares Verhalten meiner tatsächlichen Persönlichkeit. Die Einstellung des »Empfängers« prägt ebenfalls maßgeblich die Bewertung des von mir empfangenen Bildes – mit einem Satz: Nichts ist so subjektiv wie meine Wirkung auf andere! Deshalb unterscheidet sich das im privaten Umfeld sichtbare Bild eines Menschen oft auch mehr oder weniger von dem, das Vorgesetzte oder Mitarbeiter erleben.

Atmosphärische Störungen lassen sich im beruflichen Umfeld ebenso wie im privaten Bereich am ehesten »entschärfen«, wenn man zu seinem eigenen Selbstbild eine Gegenüberstellung hat – ein ehrliches Fremdbild. Wer könnte dieses Bild treffender zeichnen als einerseits die Menschen, mit denen Sie zusammenarbeiten, andererseits jene, mit denen Sie die Höhen und Tiefen des Lebens teilen? Deshalb ist dieses Kapitel dem Vergleich Ihrer Selbsteinschätzung mit der Fremdeinschätzung Ihres/Ihrer Vorgesetzten und Ihrer Kollegen beziehungsweise Mitarbeiter sowie Ihres Partners und gegebenenfalls Ihrer Kinder sowie Ihrer Freunde gewidmet.

Bitte nehmen Sie zunächst eine Selbsteinschätzung anhand der folgenden Tabelle vor. Bitte betrachten Sie dazu jede Eigenschaft ohne Ausnahme und nutzen Sie die ganze Bandbreite zwischen »stark ausgeprägt« und »schwach ausgeprägt«. Ihr erster Impuls ist in aller Regel die Sprache Ihres Inneren, Sie sollten also anschließend nicht mehr korrigieren oder das Bild mit rationalen Überlegungen »verbessern«.

Danach fordern Sie möglichst viele Menschen Ihres näheren und weiteren Umfelds zu einer Fremdeinschätzung auf. Ermuntern Sie alle ausdrücklich zu einer offenen Rückmeldung unter Ausnutzung der *ganzen* Skala, denn sonst entstehen eventuell konfliktarme Gefälligkeitsbilder. Jeder soll mit den Begriffen so umgehen, wie er sie versteht (»ehrgeizig« ist zum Beispiel für manche eher positiv, für andere eher negativ belegt).

Diskutieren Sie zunächst nicht über die einzelnen Ergebnisse, sondern sammeln Sie alle und erstellen eine Übersicht, die Ihnen die Bandbreite und Verdichtung der Rückmeldungen im Vergleich zu Ihrer Selbsteinschätzung aufzeigt. Erst dann fragen Sie ausgewählte, vertraute Personen nach ihren Bildern dazu. Besonders interessant sind natürlich signifikante Abweichungen zwischen Ihrem Selbst- und einzelnen Fremdbildern und eine Diskussion dazu.

Selbsteinschätzung

Merkmale	sehr schwach ausgeprägt					sehr stark ausgeprägt
kann gut organisieren	☐	☐	☐	☐	☐	☐
arbeitet effektiv	☐	☐	☐	☐	☐	☐
arbeitet schnell	☐	☐	☐	☐	☐	☐
geht entschlossen vor	☐	☐	☐	☐	☐	☐
ist begeisterungsfähig	☐	☐	☐	☐	☐	☐
wird von sich aus aktiv	☐	☐	☐	☐	☐	☐
agiert selbstständig	☐	☐	☐	☐	☐	☐
geht zielstrebig vor	☐	☐	☐	☐	☐	☐
ist durchsetzungsfähig	☐	☐	☐	☐	☐	☐
ist ehrgeizig	☐	☐	☐	☐	☐	☐

Merkmale	sehr schwach ausgeprägt					sehr stark ausgeprägt
reagiert flexibel	☐	☐	☐	☐	☐	☐
kontrolliert gerne andere	☐	☐	☐	☐	☐	☐
kontrolliert gerne eigene Arbeit	☐	☐	☐	☐	☐	☐
wirkt motivierend	☐	☐	☐	☐	☐	☐
ist ausdauernd	☐	☐	☐	☐	☐	☐
ist belastbar	☐	☐	☐	☐	☐	☐
zeigt Einsatz-bereitschaft	☐	☐	☐	☐	☐	☐
arbeitet gewissenhaft	☐	☐	☐	☐	☐	☐
ist verantwor-tungsbereit	☐	☐	☐	☐	☐	☐
ist zuverlässig	☐	☐	☐	☐	☐	☐

Merkmale	sehr schwach ausgeprägt					sehr stark ausgeprägt
ist konfliktfähig	☐	☐	☐	☐	☐	☐
arbeitet diszipliniert	☐	☐	☐	☐	☐	☐
urteilt objektiv	☐	☐	☐	☐	☐	☐
erscheint körperlich fit	☐	☐	☐	☐	☐	☐
delegiert gern	☐	☐	☐	☐	☐	☐
wirkt ausgeglichen	☐	☐	☐	☐	☐	☐
reagiert aufgeschlossen	☐	☐	☐	☐	☐	☐
ist sensibel	☐	☐	☐	☐	☐	☐
... und dabei einfühlsam	☐	☐	☐	☐	☐	☐
... und dabei empfindlich	☐	☐	☐	☐	☐	☐

Merkmale	sehr schwach ausgeprägt					sehr stark ausgeprägt
ist teamfähig	☐	☐	☐	☐	☐	☐
ist tolerant	☐	☐	☐	☐	☐	☐
ist kommunikationsfreudig	☐	☐	☐	☐	☐	☐
wirkt sympathisch	☐	☐	☐	☐	☐	☐
ist detailfreudig	☐	☐	☐	☐	☐	☐
hat soziale Kompetenz	☐	☐	☐	☐	☐	☐
verhält sich sozial angemessen	☐	☐	☐	☐	☐	☐
hat eine gute Auffassungsgabe	☐	☐	☐	☐	☐	☐
hat ein gutes Gedächtnis	☐	☐	☐	☐	☐	☐
ist intelligent	☐	☐	☐	☐	☐	☐

Merkmale	sehr schwach ausgeprägt					sehr stark ausgeprägt
arbeitet konzentriert	☐	☐	☐	☐	☐	☐
ist lernfähig	☐	☐	☐	☐	☐	☐
denkt logisch	☐	☐	☐	☐	☐	☐
löst Probleme	☐	☐	☐	☐	☐	☐
ist praktisch kreativ	☐	☐	☐	☐	☐	☐
ist künstlerisch kreativ	☐	☐	☐	☐	☐	☐

Fremdeinschätzung

»Danke, dass Sie bereit sind, Ihre Einschätzung als Vorgesetzter / Kollege / Mitarbeiter / Familienmitglied / Freund abzugeben! Ihr Feedback ist eine wertvolle Unterstützung für meine weitere Entwicklung.«

Die Inhalte dieses Fragebogens sprechen Männer und Frauen gleichermaßen an. Zur besseren Lesbarkeit wird überwiegend die männliche Sprachform (zum Beispiel Kollege) verwendet.

Name der eingeschätzten Person: ....

Bitte markieren Sie, in welcher Rollen-Beziehung Sie zur oben genannten Person stehen:

Vorgesetzter   Kollege   Mitarbeiter   Familie   Freund

Bitte geben Sie Ihre eigene, von anderen unbeeinflusste Einschätzung ab, wie Sie die Person überwiegend erleben. Versuchen Sie zu allen Merkmalen eine Einschätzung abzugeben. Ihr ganz persönliches Verständnis der Merkmale ist immer richtig. Trauen Sie sich, wirklich offen zu sein, und nutzen Sie die ganze Breite der Skala. Ihre Aussage wird damit noch greifbarer.

Merkmale	sehr schwach ausgeprägt					sehr stark ausgeprägt
kann gut organisieren	☐	☐	☐	☐	☐	☐
arbeitet effektiv	☐	☐	☐	☐	☐	☐
arbeitet schnell	☐	☐	☐	☐	☐	☐
geht entschlossen vor	☐	☐	☐	☐	☐	☐
ist begeisterungsfähig	☐	☐	☐	☐	☐	☐
wird von sich aus aktiv	☐	☐	☐	☐	☐	☐
agiert selbstständig	☐	☐	☐	☐	☐	☐
geht zielstrebig vor	☐	☐	☐	☐	☐	☐
ist durchsetzungsfähig	☐	☐	☐	☐	☐	☐
ist ehrgeizig	☐	☐	☐	☐	☐	☐

Merkmale	sehr schwach ausgeprägt					sehr stark ausgeprägt
reagiert flexibel	☐	☐	☐	☐	☐	☐
kontrolliert gerne andere	☐	☐	☐	☐	☐	☐
kontrolliert gerne eigene Arbeit	☐	☐	☐	☐	☐	☐
wirkt motivierend	☐	☐	☐	☐	☐	☐
ist ausdauernd	☐	☐	☐	☐	☐	☐
ist belastbar	☐	☐	☐	☐	☐	☐
zeigt Einsatz-bereitschaft	☐	☐	☐	☐	☐	☐
arbeitet gewissenhaft	☐	☐	☐	☐	☐	☐
ist verantwor-tungsbereit	☐	☐	☐	☐	☐	☐
ist zuverlässig	☐	☐	☐	☐	☐	☐

Merkmale	sehr schwach ausgeprägt					sehr stark ausgeprägt
ist konfliktfähig	☐	☐	☐	☐	☐	☐
arbeitet diszipliniert	☐	☐	☐	☐	☐	☐
urteilt objektiv	☐	☐	☐	☐	☐	☐
erscheint körperlich fit	☐	☐	☐	☐	☐	☐
delegiert gern	☐	☐	☐	☐	☐	☐
wirkt ausgeglichen	☐	☐	☐	☐	☐	☐
reagiert aufgeschlossen	☐	☐	☐	☐	☐	☐
ist sensibel	☐	☐	☐	☐	☐	☐
... und dabei einfühlsam	☐	☐	☐	☐	☐	☐
... und dabei empfindlich	☐	☐	☐	☐	☐	☐

Merkmale	sehr schwach ausgeprägt					sehr stark ausgeprägt
ist teamfähig	☐	☐	☐	☐	☐	☐
ist tolerant	☐	☐	☐	☐	☐	☐
ist kommuni-kationsfreudig	☐	☐	☐	☐	☐	☐
wirkt sympathisch	☐	☐	☐	☐	☐	☐
ist detailfreudig	☐	☐	☐	☐	☐	☐
hat soziale Kompetenz	☐	☐	☐	☐	☐	☐
verhält sich sozial angemessen	☐	☐	☐	☐	☐	☐
hat eine gute Auffassungsgabe	☐	☐	☐	☐	☐	☐
hat ein gutes Gedächtnis	☐	☐	☐	☐	☐	☐
ist intelligent	☐	☐	☐	☐	☐	☐

Merkmale	sehr schwach ausgeprägt					sehr stark ausgeprägt
arbeitet konzentriert	☐	☐	☐	☐	☐	☐
ist lernfähig	☐	☐	☐	☐	☐	☐
denkt logisch	☐	☐	☐	☐	☐	☐
löst Probleme	☐	☐	☐	☐	☐	☐
ist praktisch kreativ	☐	☐	☐	☐	☐	☐
ist künstlerisch kreativ	☐	☐	☐	☐	☐	☐

Danke für Ihre Einschätzung!

Selbsterkenntnis

Der Grund, warum Selbsteinschätzung und Fremdeinschätzung oft so auseinandertriften, liegt in der mangelnden Selbsterkenntnis. Zur Selbsterkenntnis gehört, dass ich nicht nur meine Stärken und Schwächen, sondern auch meine Schattenseiten kenne. Der Begriff der »Schattenseite« stammt vom Schweizer Psychotherapeuten Carl Gustav Jung. Er geht davon aus, dass jeder von uns immer zwei Pole in sich hat: Liebe und Aggression, Verstand und Gefühl, Vertrauen und Angst, Sensibilität und Härte, Disziplin und Disziplinlosigkeit. In der ersten Lebenshälfte leben wir oft nur einen Pol. Der andere Pol, den wir vernachlässigen, gerät dann in den Schatten. Von dort aus wird er sich aber trotzdem auf uns selbst und auf unsere Umgebung auswirken. Ein Mensch, der einseitig seinen Verstand lebt, verdrängt seine Gefühle ins Unbewusste. Aber von dort her werden sie ihn als Sentimentalität überfallen. Dann hat er nicht seine Gefühle, sondern seine Gefühle haben ihn in der Hand. Sie überschwemmen ihn.

Der Schatten wirkt sich aber nicht nur auf den Einzelnen aus, sondern auch auf die Umgebung. Oft spüren wir, wie hinter einer freundlichen Fassade eine tiefe Menschenverachtung steckt oder wie hinter einem selbstsicheren Auftreten Minderwertigkeitsgefühle stehen. Die Umgebung nimmt wahr, was der andere verdrängt. Ein Beispiel: Ich habe einen Priester begleitet, der sehr freundlich war. Aber nach einer Stunde Gespräch war ich voller Aggressionen. Ich dachte zuerst, das sei mein Problem. Der Priester würde mich an Menschen erinnern, mit denen ich schlechte Erfahrungen gemacht habe. Aber in der Supervision wurde mir klar: Dieser Mann hatte eine passive Aggression. Er hat seine Aggression ins Unbewusste verdrängt. Seine Fassade war freundlich. Aber dahinter steckten starke Aggressionen. Er selbst spürt diese verdrängten Aggressionen gar nicht, aber seine Umgebung bekommt sie ab. So ist es häufig: Da ist zum Beispiel ein Chef, der immer stark ist und nie krank wird. Aber in seiner Umgebung häufen sich die Krankheitsfälle. Seine verdrängte schwache Seite wird von den anderen übernommen.

Die Fremdeinschätzung kann eine Hilfe sein, meine verdrängten Schattenseiten anzunehmen. Es wäre nicht angemessen, die negativen Aspekte, die mir andere spiegeln, nur als deren Problem abzutun. Vielleicht sind 80 Prozent auf deren subjektive Sichtweise zu schieben. Aber die verbleibenden 20 Prozent sollte ich als Spiegel nehmen und mich fragen: Auf was möchten mich die anderen hinweisen, was ich bei mir verdrängt habe?

Für die Erkenntnis meiner Schattenseiten sind aber noch zwei andere Quellen wichtig. Die eine Quelle sind übertriebene Reaktionen meinerseits. Wenn ich sehr empfindlich auf jemand reagiere, zeigt das immer meine verdrängte Schattenseite. Der andere erinnert mich an das, was ich bei mir verdrängt habe. Hermann Hesse sagt einmal: »Was nicht in uns ist, das regt uns auch nicht auf.« Wenn ich mich also sehr über jemanden aufrege, sollte ich mich fragen, ob das eventuell nicht mit meinen verdrängten Schattenseiten zu tun hat. Der andere lebt das aus, was ich verdrängt, was ich mir verboten habe. Die andere Quelle für die ehrliche Selbsterkenntnis sind die Träume. Verfolgungsträume sind immer Schattenträume. Das, was mich im Traum verfolgt, weist mich auf meine Schattenseiten hin. Wenn es ein Verbrecher ist, der mich verfolgt, zeigt es, dass ich eine Seite meines »animus«, meiner männlichen Seite, nicht angenommen habe. Und wenn es Tiere sind, die mich verfolgen, so verweisen sie auf eine Triebseite, die ich nicht integriert habe.

Selbsterkenntnis ist ein jahrelanger Prozess. Wir sind nie fertig damit, uns selbst zu erkennen. Wir sollten daher immer wieder einmal innehalten und uns fragen: Was sagen mir meine Reaktionen über mich selbst? Über wen schimpfe ich immer wieder? Spreche ich da vielleicht nicht über mich selbst und meine verdrängten Schattenseiten? Was sagen mir meine Träume über mich? Und was sagt die Reaktion meines Umfeldes über mich aus?

STEFAN MÜLLER

Persönlichkeitsfaktoren – meine Prägungen für ein ganzes Leben?

Wer glaubt, einen Menschen mit 45 Lebensjahren »umerziehen« zu können, kommt entweder drei Jahrzehnte zu spät oder verwendet unmenschliche Mittel. Aktuelle Forschungsergebnisse gehen mehr als bisher davon aus, dass bereits Neugeborene durch vorgeburtliche Wahrnehmungen und Kleinkinder durch ihre Umgebung (meist die Eltern) lebenslang geprägt werden. Aus einem Kind, das ängstliche Eltern erlebt hat, wird mit hoher Wahrscheinlichkeit ein eher ängstlicher Mensch werden.

Wir reden bei unseren Kindern gerne von »kleinen Persönlichkeiten«, wenn wir stolz auf sie sind; wenn sie uns allerdings gnadenlos die eigenen Muster spiegeln und vorführen, ärgern wir uns auch ganz schnell über sie und eigentlich über uns selbst.

Das alles bedeutet jedoch keinesfalls, dass ein Mensch, dessen Ich-Bewusstsein im Laufe seines Lebens zunimmt, nicht lernen könnte, klüger mit seinen Möglichkeiten umzugehen, vermeintliche Grenzen zu überschreiten und vorhandene (endlich) zu akzeptieren. Er kann sich bestimmter Angewohnheiten oder Verhaltensformen bewusst werden und künftig geschickter agieren, sich etwas an- oder abgewöhnen und damit letztlich auch ein anderes Bild an die Öffentlichkeit tragen.

Erlangt diese – in jeder zwischenmenschlichen Beziehung notwendige – Form der Anpassung (siehe auch das Kapitel »Wie erleben mich die Menschen in meiner engsten Umgebung?«) jedoch den Grad der Selbstverleugnung, so steigt der Kräfteverschleiß überproportional an, und früher oder später hat dies elementare Konsequenzen. Je nach Persönlichkeitsstruktur kann dabei vom unkontrollierten Gefühlsausbruch über psychosomatische

Schädigungen bis hin zu Kurzschlusshandlungen etwas scheinbar »völlig Unerwartetes« eintreten, dessen Auswirkungen für den Betroffenen und seine Umgebung nicht abschätzbar sind.

Also muss auch die umgekehrte Frage gestellt werden:

Inwieweit ist es möglich, dass ich mich – so wie ich bin – in einer anderen räumlichen Umgebung, in einer anderer Organisation(sform), mit einer anderen Tätigkeit, in einer anderen zwischenmenschlichen Beziehung und so weiter besser entfalten kann, dass ich mehr ich selbst sein kann, weniger Kompromisse machen muss, nicht so oft resigniere, kapituliere oder Konflikte provoziere.

Wenn wir also von Persönlichkeitsfaktoren sprechen, könnten wir die Summe dieser Faktoren auch Persönlichkeitsstruktur nennen. Doch wie kann ich von meiner Persönlichkeitsstruktur ein Bild bekommen?

An dieser Stelle kommen Persönlichkeitstests zum Tragen. Das Wort »Test« ist entlehnt aus dem Lateinischen »testa« (Scherbe, Geschirr), gemeint war ein Tiegel zum Probieren, Versuchen, Prüfen einer Speise. In diesem Sinne fordert David sogar Gott auf, ihn zu testen: »Erforsche mich, Gott, und erfahre mein Herz, prüfe mich und erfahre, wie ich's meine.« (Psalm 139,23) Im folgenden Vers fordert er ihn auf, seinen Weg zu betrachten und ihn auf den richtigen Weg (zu ihm) zu leiten.

Ich will zum Thema Tests keine ausführliche, wissenschaftlich fundierte Abhandlung einschieben, sondern ein paar ganz praktische Hinweise geben. Das Angebot an Persönlichkeitstests ist riesengroß, es reicht von eindimensionalen und manchmal sehr einfach gemachten Tests in Magazinen und Zeitschriften bis zu jahrelang erprobten und aufwendigen Testverfahren der psychologisch fundierten Eignungsdiagnostik.

Aber selbst dort muss immer wieder die Frage gestellt werden, in welchem Maße die drei Gütekriterien Reliabilität (wie genau wird ein Persönlichkeits- oder Verhaltensmerkmal gemessen, wie wiederholbar ist diese Messung unter gegebenenfalls unterschiedlichen Einflüssen auf die Person), Validität (wird wirklich gemessen, was gemessen werden soll, sind die auf den Messungen beruhenden Aussagen oder Schlussfolgerungen belastbar) und Objektivität (das Ergebnis ist weitestgehend unabhängig vom Testleiter) erfüllt werden. Dazu kommt, dass Tests und ihre Aussagen durchaus in Bezug zum (sich wandelnden) gesellschaftlichen Umfeld und zur jeweiligen Kultur und Mentalität stehen und damit nicht einfach an jedem Platz und in jedem Kontext ohne Weiteres eingesetzt werden können. Auch die zugrunde liegende Definition einer Vergleichsgruppe und ihrer möglichen Fähigkeiten spielt für die Testkonstruktion eine maßgebliche Rolle.

Seien Sie deshalb vorsichtig mit Selbstversuchen ohne fachkundige Anleitung – am Ende sind Sie verwirrt oder frustriert, ohne aus dem Ergebnis einen praktischen Nutzen ziehen zu können. Erkundigen Sie sich ganz genau, wer da mit welcher Befähigung Tests anbietet.

Es ist im Zweifel erheblich klüger, bei einem professionellen Institut etwas Geld zu investieren, das aber mit fundierten Tests nach den oben genannten Gütekriterien arbeitet und Ihnen – ganz wichtig aus meiner Sicht – durch einen sehr gut ausgebildeten und erfahrenen Berater ein persönliches (!) Feedback gibt einschließlich konkreter Hinweise, was Sie damit anfangen können. Und Sie auf keinen Fall mit einem möglichst fachspezifisch formulierten schriftlichen Ergebnis alleine lässt.

Ganz wichtig ist weiterhin, dass solche Tests immer nur als Baustein eines ganzen Mosaiks zum Tragen kommen sollten. Ich halte die Vorgehensweise sogenannter »Management Audits« für äußerst gefährlich, in denen mit einem oder zwei Tests und zwei bis vier Stunden Interview abschließend über die Qualifikation eines Menschen und seine Eignung für eine Aufgabe entschieden wird. Tests haben zweifellos dann ihren Platz, wenn sie dazu herangezogen werden, andere Beobachtungen zu verifizieren, zu konkretisieren oder auch einmal zu korrigieren. Sie sollten aber niemals alleiniges Instrument der persönlichen Einschätzung sein.

Kommunikation(s)Verhalten – die enge Verwandtschaft von Sprache und Tun

»Deine Sprache verrät dich« (Matthäus 26,73) – dieses biblische Zitat hat eine sehr weitreichende Bedeutung. Nicht allein die Zugehörigkeit zu einer Nation, einem Volk oder einer Sprachgruppe wird durch die Sprache identifiziert. Die Art, *wie* wir kommunizieren – Wortwahl, Satzbau, Redefluss und Struktur unserer Mitteilungen – ist ein Spiegelbild unserer Prägung, Denk- und Handlungsweise.

Es ist verblüffend, dass bereits Äußerlichkeiten, zum Beispiel die Gestaltung der Büroeinrichtung, die Schreibtisch-Organisation und die Kleidung, zu ersten Rückschlüssen auf den Gesprächspartner führen können. Die Gesprächsführung selbst, Einleitung, Dauer, Beendigung, Atmosphäre, Themenstruktur und Inhalte geben weiteren Aufschluss darüber, ob für die »persönliche Chemie« gute Voraussetzungen vorhanden sind oder ob die Zusammenarbeit sehr große beiderseitige Zugeständnisse erfordert.

Manches Vorstellungsgespräch könnte von einer Seite nach der Begrüßung oder nach fünf Minuten Gespräch beendet werden, weil man spürt, dass man nie zusammenkommen wird. Aus Höflichkeit oder um dem Vorwurf der Ungleichbehandlung zu entgehen, spricht man doch noch eine Weile miteinander, meist mit der Wirkung einer selbst erfüllenden Prophezeiung und selten mit einer nachträglichen Veränderung des Bildes vom anderen.

Die Ursache für viele negative Empfindungen am Arbeitsplatz und der Auslöser vieler Kündigungen ist die fehlende persönliche »Wellenlänge«, auch wenn sogenannte »sachliche« Begründungen vorgeschoben werden. Man spricht hier manchmal vom »Eisbergmodell« – oben schauen die scheinbar nüchternen Argumente heraus, darunter verbergen sich aber Bilder und Wahrnehmungen, die mit eigenen Erfahrungen verknüpft werden und aus denen Gefühle, Ängste, Befürchtungen und unbewusste Reaktionen entstehen. Nach neuesten Erkenntnissen werden wir zu 90 bis 95 Prozent von unserem Unterbewusstsein gesteuert und nur zu 5 bis 10 Prozent von unserem Bewusstsein.

Es kann schon genügen, dass Sie durch einen Menschen an jemanden erinnert werden, mit dem Sie negative Gefühle verbinden, und es kann auch passieren, dass alleine Ihr Äußeres bei einem anderen zu solchen Reaktionen führt. Mit unserem Taktgefühl, unserer Beherrschung und sicherlich auch mit einer gewissen Routine in der Alltagskommunikation überspielen wir diese Empfindungen, ohne sie jedoch verdrängen zu können.

Dies gilt auch für die (Mutter-)Sprache, den Dialekt, den Tonfall, die Wortwahl, die Körperhaltung (!), die Mimik, die Gestik und damit den gesamten Ausdruck einer Person.

Wenn Sie also Menschen begegnen und nach einem scheinbar erfolgreichen, freundlichen Gespräch Ablehnung erfahren oder bei sich selbst verspüren, denken Sie daran, dass sich zwei subjektive Wesen getroffen haben.

Nun ist man sehr bemüht, durch Gesetze einerseits und die Anonymisierung von Bewerbungsprozessen andererseits dieser Subjektivität zu begegnen. Das AGG (Allgemeine Gleichbehandlungsgesetz) ist so ein Versuch, um der Diskriminierung nach bestimmten Kriterien (Nationalität, Hautfarbe, Geschlecht, Lebensalter und so weiter) zu begegnen. Die jetzt bei uns diskutierte Tendenz, Bewerbungen ohne Bild, ohne Geburtsdatum und -ort, gegebenenfalls sogar ohne Namen einreichen zu lassen, verlagert aber die Subjektivität meines Erachtens nur in den ersten persönlichen Kontakt, der immer häufiger telefonisch erfolgt oder eben bei einem Vorstellungsgespräch stattfindet. Falls sich anonymisierte Bewerbungen durchsetzen sollten, gehe ich davon aus, dass Firmen nicht häufiger einladen (können), sondern verstärkt mit vorab versandten Testbögen und Telefoninterviews arbeiten werden.

Da auch dann die beschriebenen Mechanismen unseres Unterbewusstseins wirken, werden unsere Gesprächspartner oder wir wieder nach Argumenten suchen und bestimmt auch welche finden, um unsere Eindrücke zu »objektivieren«.

Nach aller Erfahrung halte ich es für wesentlich klüger, zuzulassen, dass wir ein Gespür geschenkt bekommen haben, das uns frühzeitig anzeigt, wie nahe wir einem Menschen beruflich oder privat kommen können. Setzen wir dieses wunderbare Instrument ein, kann es sehr wohl gelingen, in einem bestimmten Kontext zusammenzuarbeiten. Wir reduzieren nämlich gegebenenfalls unsere zwischenmenschlichen Erwartungen an den anderen, vermindern dadurch Enttäuschungen, fügen Wissen und Können zusammen und wappnen uns gleichzeitig davor, dass der andere niemals nur dem Ganzen dient, sondern auch seine ureigenen Ziele verfolgt. Genauso wie wir.

Ich habe immer wieder in christlichen Organisationen beraten und mit Führungspersönlichkeiten im gemeinnützigen Umfeld gearbeitet. Manchmal hatte ich dabei den Eindruck, dass es dort mehr Verletzungen und Enttäuschungen gab als in anderen Unternehmen. Der Grund dafür könnte sein, dass alle vom jeweils anderen ein besonders »christliches« Verhalten erwarten, dieses aber so interpretieren, dass der andere sich möglichst »demütig« ihrer Meinung anschließen sollte. Anders gesagt: Statt einer gelebten Konfliktkultur, zu der ein offenes Wort ebenso gehört wie die Akzeptanz getroffener Entscheidungen, soll sich der andere »verleugnen« und damit so wenig wie möglich Schwierigkeiten machen.

Die Sprache und das Handeln im Konflikt und allgemein unter besonderem Druck oder Stress verändert sich bei vielen Menschen deutlich: Manche wirken deeskalierend und mühen sich ernsthaft um Versachlichung, andere werden konfus, wieder andere drängen zum Machen um jeden Preis und noch andere haben solche Angst vor Fehlern, dass sie gar nichts mehr machen. Und schließlich träumen sich manche in eine bessere Welt und fliehen innerlich vor der Wirklichkeit.

Beobachten Sie sich einmal selbst: Wie verändert sich Ihre Sprache und damit Ihr Verhalten unter dem Druck hoher Arbeitsmenge und enger Termine? Was passiert mit Ihnen in (un-)sachlichen Auseinandersetzungen, wie reagieren Sie auf gefühlte Ungerechtigkeit? Wie fühlen Sie sich bei (zu viel) Komplexität oder Unübersichtlichkeit?

Ich will hier den weit verbreiteten Irrtum der »typischen« Verhaltens- und Kommunikationsmuster ausräumen: Mancher fängt unter hohem Leistungsdruck überhaupt erst an, logisch zu denken und richtig zu arbeiten, während ein anderer kaum verändert und ein dritter völlig überfordert reagiert.

Noch ein Beispiel: Es gibt Menschen, die unter Stress absolut klar und nüchtern denken, reden und handeln können, aber vielleicht völlig verständnislos auf die Gefühle emotionalerer Mitmenschen reagieren beziehungsweise einen Tunnelblick für das Problem bekommen und die anderen in ihren Bedürfnissen einfach nicht mehr wahrnehmen. Bei anderen führt Druck zu einer Blockade und Sprachlosigkeit, die sie in ihrer Arbeit lähmt und daran hindert, ihren Standpunkt zu vertreten. Gegebenenfalls »funktionieren« sie noch eine Zeitlang weiter und ziehen sie sich dann doch zurück bis zur inneren Isolation.

In Konflikten sollte man im Idealfall alle drei »archaischen« Strategien beherrschen: angreifen, sich tot stellen oder fliehen. Ich überlasse Ihrer Phantasie, wie das in der heutigen betrieblichen Kommunikation aussehen könnte ...

Unser Problem ist, dass viele von uns nur eine dieser drei Strategien in ihrem Muster verankert haben. Hier liegt ein Lernfeld im Umgang mit sich selbst und anderen, das Ihnen sehr helfen kann, den Alltag besser zu meistern. Und auch hier gibt es wunderbare Anleitungen und professionelle Begleitung, um zu spüren, zu lernen, zu üben und sich in Zukunft geschickter zu verhalten, ohne sich selbst zu verbiegen.

Sagen – reden – sprechen

Wenn ich mit einem künftigen Mitarbeiter spreche, achte ich sehr genau auf seine Sprache. Ich achte nicht auf seine Grammatik, sondern auf seinen Tonfall und auf die Art und Weise, wie er von anderen Menschen spricht. Ich achte darauf, ob seine Sprache bewertend ist, abwertend, verurteilend, ob sich der Sprecher mit seiner Sprache selbst in den Mittelpunkt stellt, ob er ständig von sich und seinen Großtaten redet oder ob er klar und offen, aber zugleich dankbar und bescheiden von sich und seinen Erfolgen spricht. Vor allem aber achte ich darauf, ob ich ihm in seiner Sprache persönlich begegne oder ob er sich hinter leeren und floskelhaften Worten selbst versteckt. Es gibt heute eine kalte »Business-Sprache«. Wer diese kalte Sprache spricht, der versteckt sich hinter einer sachlichen und nüchternen Fassade. Aber ich werde diesem Menschen nicht begegnen. Ich achte bei der Einstellung von Menschen immer darauf, ob ich den Menschen spüre, ob ich den Menschen hinter seinen Worten und in seinen Worten erkenne.

Aber wenn ich mich selbst in einer Firma vorstellen würde – was ich als Mönch Gott sei Dank nicht brauche –, dann würde ich auch auf die Sprache achten, die in dieser Firma gesprochen wird. Ist es eine wärmende oder eine kalte Sprache? Ist es eine Sprache, die bewertet oder die wertschätzt? Wie wird in dieser Firma vom Menschen, von den Mitarbeitern gesprochen und wie wird von den Mitbewerbern gesprochen? Ist es eine aggressive Sprache oder eine arrogante Sprache, die sich über alle anderen Mitbewerber erhebt und sie schlecht macht?

Mit der Sprache bauen wir ein Haus: entweder ein kaltes Haus, in dem keiner wohnen möchte, oder ein warmes Haus, in dem sich Menschen gerne aufhalten, miteinander ins Gespräch kommen. Jesu Sprache war eine wärmende Sprache. Die Jünger sagten: »Brannte uns nicht das Herz in der Brust, als er unterwegs mit uns sprach?« (Lukas 24,32) Ich möchte nicht in einem kalten Haus wohnen. Und ich möchte nicht in einem Haus wohnen, in dem ich ständig mit irgendwelchen Nadelstichen oder Giftpfeilen rechnen muss. Ich möchte nur in einem Haus wohnen, in dem ich ich selbst sein darf, indem ich, so wie ich bin, angenommen und gewürdigt werde. Die Sprache, mit der die Vertreter der Firma mir als dem Stellensuchenden begegnen, verrät mir den Geist der Firma.

Jesus sagt von sich selbst: »Ihr seid schon rein durch das Wort, das ich zu euch gesprochen habe.« (Johannes 15,2) Jesus hat so gesprochen, dass sich seine Zuhörer wohlgefühlt haben, sich rein und angenommen fühlten, im Einklang mit sich selbst. Und er sagte von sich, dass er durch seine Worte seine Freude den Jüngern mitteilt. (Johannes 15,11) Jesus hatte offensichtlich eine positive Ausstrahlung, wenn er sprach. Ich spüre genau hin, wie ich mich fühle, wenn einer mich anspricht, mir einen Vortrag hält, wenn er auf mich einredet, wenn er mich belehren möchte. Dann fühle ich mich nicht wohl. Achten Sie also genau darauf, wie Sie sich fühlen, wenn Sie mit den Vertretern der Firma sprechen. Fühlen Sie sich verstanden, ernst genommen, wertgeschätzt? Oder fühlen Sie sich ausgefragt, belehrt, klein gemacht, bewertet oder gar entwertet? Nur dort, wo die Sprache ein Haus baut, in dem Sie sich zu Hause fühlen, in dem Sie gerne leben und arbeiten, würde ich mich auf eine ernsthafte Bewerbung einlassen.

Im Deutschen unterscheiden wir zwischen: sagen – reden – sprechen. Sagen bedeutet: etwas zeigen, auf etwas hinweisen. Reden meint: Rede und Antwort stehen, etwas begründen. Sprechen kommt von »bersten, aus mir hervorbrechen«. Wenn wir viel reden, gibt es nur ein Gerede. Manche Vorstellungsgespräche sind keine Gespräche, sondern nur Gerede. Ein Gespräch entsteht nur, wenn wir miteinander sprechen, wenn ich aus meinem Herzen spreche. Wenn ich mich nur hinter Begründungen verstecke, wird ein Gerede entstehen. Nur im Gespräch spüren wir uns selbst und den anderen. Und nur durch ein Gespräch kann eine Beziehung wachsen, die dann auch in der Alltagswelt der Firma durchtragen kann.

STEFAN MÜLLER

Menschenführung: Lust und Last – oder Spiegel meiner Macht?

Dem Thema »Führen und geführt werden« begegnen wir in fast allen beruflichen Situationen. Dem Thema »Selbstführung« begegnen wir immer. Deshalb gibt dieses Kapitel nicht nur Denkanstöße für (künftige) Führungskräfte. Jeder von uns kann in Situationen kommen, in denen seine Führung gefragt ist. Und jeder kann dabei auch an Grenzen stoßen, die ihm vorher nicht oder nicht so bewusst waren.

Schon Mose musste erkennen, dass er bei der Führung des Volkes Israel an die Grenzen seiner Leistungsfähigkeit und Kraft stieß. Er ließ sich von seinem Schwiegervater raten, ein Stück Verantwortung abzugeben, und benannte zuverlässige Männer aus seinem Volk, um ihnen Verantwortung über unterschiedlich große Gruppen zu geben. So kam dann nur noch vor ihn, was sie nicht selbst zu regeln vermochten (vgl. Exodus/2 Mose 18). Es dürfte sich hier um das erste belegte Beispiel für eine funktionierende Delegation handeln.

Wir werden Ihnen in diesem Kapitel kein weiteres Modell »Wie führe ich richtig?« vorstellen. Viele unserer gemeinsam angestellten Überlegungen zeigen, dass Führende und Geführte beeindruckende theoretische Modelle kraft ihrer Persönlichkeitsstruktur ohne Weiteres ad absurdum führen können. Das »Zueinanderpassen« beziehungsweise das »Aufeinander zugehen« spielen also eine weitaus größere Rolle als abgehobene Führungsgrundsätze, die in Unternehmen häufig sehr abstrakt formuliert werden, aber keinerlei konkrete Veränderung schaffen.

Aus dem Blickwinkel vieler Beratungen will ich zudem auf ein Phänomen hinweisen, dessen Folgen häufig nicht nüchtern genug bedacht werden. Lassen Sie mich dazu eine kleine Formel aufstellen: Die Zunahme der Anzahl Direktberichtender führt zu einer Abnahme der Zeit für sachorientierte Arbeit.

Zu pauschal, denken Sie? Mit 15 oder mehr Mitarbeitern können Sie nach meiner Wahrnehmung zwei grundsätzliche Richtungen einschlagen: Entweder Sie sind während der üblichen Arbeitszeit Ihrer Mitarbeiter weitgehend ansprechbar oder Ihre aktive Führung wird durch informelle Prozesse in deren Eigendynamik ersetzt.

Anders ausgedrückt: Entweder Sie beschäftigen sich im Wesentlichen mit Personalführung oder Sie werden ganz schnell umgangen, einsam und nach Meinung Ihrer Mitarbeiter schließlich überflüssig. Alternativ entsteht Stillstand oder »jeder macht, was er will, keiner macht was er soll und alle machen mit«. Das Instrument »cc« wird Ihnen dann zwar eine nicht mehr lesbare Flut von Mails bescheren, Sie aber keineswegs in eine bessere Position bringen oder souveräner wirken lassen.

Also bleibt Ihnen als präsente Führungskraft für eine substanzielle Beschäftigung mit den fachlichen Inhalten Ihrer Funktion nur der frühe Morgen oder der spätere Abend übrig. Vielleicht wollten Sie das aber gerade nicht (mehr)?

Oder nehmen wir an, Sie hören sich seit Jahren alle großen und kleinen, geschäftlichen und privaten Anliegen Ihrer Mitarbeiter an – empfinden Sie diese Rolle als noch immer so interessant wie früher?

Doch merkwürdig – nur wenige treten bei einer Versetzung oder einem Arbeitsplatzwechsel mit dem Anspruch an, die Anzahl der Direktberichtenden zu reduzieren. Woran liegt das wohl?

Nun, wenn Sie von ganzem Herzen Freude an der Führung von Menschen in ihrer ganzen Vielfalt, mit ihren sehr unterschiedlichen Motivatoren, in ihren jeweiligen Lebensphasen und -situationen haben und sich dabei noch gerne mit anderen Generationen beschäftigen, sind Sie wahrscheinlich jene Führungskraft, die sich die meisten Mitarbeiter wünschen würden.

Ich empfehle Ihnen aber trotzdem, auch noch über die folgenden Gründe nachzudenken:

Erstens ist die Zahl der Mitarbeiter in der Öffentlichkeit, bei Familie und Verwandtschaft, bei Freunden und Nachbarn ein Zeichen für den Stellenwert der beruflichen Position.

Zweitens bedeuten viele Untergeordnete viel Macht – die Faszination dieser Macht wird gerne geleugnet und ebenso gerne festgehalten. Die Tatsache, dass möglichst viele »tun, was man sagt«, das Bewusstsein, »am längeren Hebel zu sitzen«, bewirkt unter Umständen eine berauschende Form der Selbstbestätigung.

Drittens gibt einem die Personalverantwortung das Bewusstsein, gebraucht zu werden – ein elementares Bedürfnis der meisten Menschen. Angesichts der heute vielfach anzutreffenden wirtschaftlichen Unabhängigkeit der Partner wird dieses Empfinden im privaten Bereich nicht immer befriedigt.

Sollten Sie also »eigentlich« den Wunsch haben, sich (wieder) stärker Ihrem Fachgebiet zu widmen, dann reflektieren Sie bitte sorgfältig, welche Bedeutung Personalführung für Sie wirklich hat und welche »Opfer« Sie dafür bringen.

Ich habe vorher ganz bewusst von »Direktberichtenden« gesprochen – wer die Chance hat, die erste Führungsebene »nach oben« zu verlassen, kann das Problem möglicherweise auf besonders elegante Art lösen: Die an ihn berichtenden Führungskräfte übernehmen dann einen beträchtlichen Teil der täglichen Personalarbeit – vorausgesetzt, sie beschäftigen sich nicht mit den gleichen Überlegungen wie ihr Chef ...

Darf ich Sie noch auf etwas ansprechen? Sollten Sie sich nicht zur Selbstständigkeit entschließen, werden Sie mit ziemlicher Sicherheit selbst wieder eine Chefin oder einen Chef haben, unabhängig davon, ob Ihnen vielleicht in Erinnerung an die oder den letzte(n) eher davor graut.

Ich stelle einerseits fest, dass viele Menschen als wesentliches Kriterium für einen guten Arbeitsplatz einen hohen Grad an Frei- und Gestaltungsraum nennen. Ich höre aber andererseits von vielen auch, dass sie sich durchaus gerne *klare* (!) Ziele geben lassen und wissen möchten, was von ihnen erwartet wird (und für was sie gegebenenfalls belohnt werden). Und damit im Grundsatz Führung annehmen oder sogar suchen. Es ist also keineswegs so, dass in jedem Angestellten ein Selbstständiger schlummert, der nur darauf wartet, die Fremdbestimmung durch einen Vorgesetzten abstreifen zu können.

Nach meiner Beobachtung spielt der Wunsch nach Berechenbarkeit und Fairness ohnehin oft eine größere Rolle als die gerne zitierte »lange Leine«. Ein Mitarbeiter, der kein Interesse am Fortgang seiner Arbeit erfährt, jubelt selten darüber, nicht »kontrolliert« im Sinne von »wahrgenommen« zu werden. Er hat viel mehr den Eindruck, dass seine Arbeit nicht wichtig genug ist, dass es im Zweifel auch ohne seinen Beitrag weitergeht. Daran misst er dann seine Bedeutung für das Unternehmen.

Delegation kann also nicht bedeuten, den Mitarbeitern alles hinzuwerfen, was man los haben will. Mitarbeiter spüren sehr genau, ob sie wirklich wertvolle Aufgaben, Kompetenzen und Verantwortung übertragen bekommen oder vielleicht nur zweitrangige Aufgaben, die ganze Verantwortung, aber keine Kompetenzen. Und sie werden sich minderwertig vorkommen, wenn sie für alle Fehler verantwortlich gemacht werden, der Vorgesetzte aber alle Erfolge an sein Revers heftet.

Wenn Sie in diesem Kapitel auch aufgefordert sind, sich über den für Sie optimalen Vorgesetzten Gedanken zu machen, bedenken Sie bitte, dass es nicht um den »idealen« Vorgesetzten geht, sondern um das Bild einer Persönlichkeit mit der für Sie passenden Gewichtung ihrer wesentlichen Eigenschaften. Ein berechenbarer Chef mit Ecken und Kanten kann gegenüber einem aalglatten Kommunikationskünstler ein Labsal sein.

Was bewegt mich bei dem Gedanken, Führungskraft zu sein?

Und wie stelle ich mir meinen optimalen Vorgesetzten vor?

....

....

....

....

....

....

....

....

....

....

....

....

....

....

....

Ich blicke nach vorn – zwischen Kontinuität und Neuorientierung

Woher kommt der Gedanke, einmal »etwas ganz anderes« machen zu wollen? Diese Frage haben wir schon weiter vorne gestellt im Zusammenhang mit der Überlegung, wie Wünsche und Bedürfnisse zusammenhängen.

Sie wissen jetzt und haben es oft erfahren, dass Sie für manche Tätigkeiten besonders gute Voraussetzungen mitbringen, sich mit anderen eher abmühen müssen. Dies mindert jedoch keinesfalls die Gültigkeit des Sprichwortes: »Wo ein Wille ist, ist auch ein Weg!«

Allerdings spricht man nicht umsonst von »Willenskraft«; das heißt, etwas unter ungünstigen Bedingungen zu tun, verlangt entsprechend mehr Einsatz.

Glücklicherweise haben wir aber auch über Ihre Arbeitsweise und -intensität, Ihre Frustrationstoleranz und Ihr Verhalten bei Widerständen und Problemen nachgedacht. Jetzt kommen uns diese Erkenntnisse bei den zentralen Orientierungsfragen zugute:

- Weiter *genau* wie bisher oder
- weiter mit leichter Kurs*korrektur* oder
- *neue* Wege mit ähnlichem Ziel oder
- *neue* Wege zu einem *neuen* Ziel?

Um diese Fragen zu beantworten, bedarf es zunächst einer Analyse der Einflussfaktoren auf die berufliche Zielfindung. Die Übersicht auf der folgenden Seite zeigt, dass sehr viele »Stellgrößen« auf diesen Prozess einwirken. Jeder Mensch wird einige der Faktoren als Status quo akzeptieren müssen, jeder unterliegt gewissen Zwängen.

Als der Apostel Paulus in seinem Eifer dreimal gegenüber Gott den Wunsch äußerte, von seinem »Pfahl im Fleisch«, das heißt von einer Einschränkung seiner Gesundheit und damit einer Beschränkung seiner Handlungsmöglichkeiten befreit zu werden, bekam er eine menschlich eher enttäuschende Antwort: »Lass dir an meiner Gnade genügen, denn meine Kraft ist in den Schwachen mächtig.« (vgl. 2 Korinther 12,8–9)

Es ist für jeden von uns tröstlich zu wissen, dass auch der andere nicht über unbegrenzte Kraft und Handlungsfähigkeit verfügt, und doch gefällt es uns an uns selbst nicht gerade, »begrenzt« zu sein.

Dazu kommt ein altes und hartnäckiges Streben vieler Menschen nach Handlungsfreiheit, die aber noch eine ganz andere Erkenntnis mit sich bringt: Immer, wenn wir den Spielraum an einer Stelle ausdehnen, schränken wir ihn an anderer Stelle auch wieder ein.

Ein Beispiel dazu ist das bereits erwähnte Streben vieler nach einer Tätigkeit als Selbstständiger: Häufig ist das ein Reflex auf schlechte Erfahrungen oder Bevormundung am letzten Arbeitsplatz. Tatsächlich hat der Selbstständige zunächst ein Stück Handlungsfreiheit gewonnen, zugleich aber auch mehr existenzielle Risiken als ein Arbeitnehmer und gegebenenfalls weit weniger sozialen Rückhalt.

Er bekommt die Arbeit nicht mehr vorgegeben, ist damit aber auch vollkommen alleine verantwortlich dafür, dass sich Kunden für seine Produkte oder Dienstleistungen interessieren und bei ihm kaufen oder ihn buchen. Schon mancher ist aus allen Träumen erwacht, wenn er mit der Wirklichkeit sogenannter »Kaltakquisition« konfrontiert wurde und für einen einzigen Termin fünfzigmal telefonieren musste.

Er muss an niemanden mehr »berichten« – und stellt (oftmals sehr schmerzlich) fest, dass er plötzlich mit einer ordnungsgemäßen Buchführung konfrontiert ist, um die sich im vorherigen Unternehmen »irgendjemand« gekümmert hat.

Jeder von uns unterliegt also anderen Parametern, und vor allem: Jeder von uns bestimmt selbst, welche Möglichkeiten er wahrnimmt und welche Konsequenzen er akzeptieren will. Alles hat seinen Preis ...

Zu den (wenigen) unabänderlichen Rahmenbedingungen unseres Lebens kommen viele Einschränkungen hinzu, die wir uns selbst aufzwingen. Für die Optimierung der Zielfindung ist deshalb oberste Regel, den Stellenwert jedes Einflussfaktors genau zu prüfen und eine Bandbreite zu definieren, innerhalb der variiert werden kann und soll. Auf diese Weise entsteht nach und nach ein Diagramm (das Kreisdiagramm der Mengenlehre lässt grüßen), dessen Schnittfläche Ihre möglichen Ziele darstellt.

Erst jetzt sind Sie in der Lage, sachliche Erwägungen und emotionale Komponenten nebeneinander zu stellen. Ich sage sehr bewusst »nebeneinander«! Schließlich wissen wir längst, dass emotionale Einflüsse eine gewaltige Kraft haben, Antriebskraft ebenso wie Sprengkraft. Damit wird auch klar, dass die gerne an andere gerichtete Forderung: »Nun lass uns die Angelegenheit mal ganz sachlich betrachten« niemals vollständig zu erfüllen, am Ende aber auch gar nicht »vernünftig« ist. Schließlich sind unsere Gefühle ja ein wunderbarer Gradmesser für die Frage, in welchen Situationen Sie mit welchen Aufgaben in welcher menschlichen Atmosphäre zurechtkommen!

Unser Verstand sollte deshalb niemals unser Gespür überreden zu einer Tätigkeit oder einer Arbeitsbeziehung, gegen die unsere Seele schon vorher Warnsignale aussendet.

Die folgende Liste der Einflussfaktoren auf Ihre Zielfindung soll Sie zu der Überlegung anregen, welche Faktoren für Sie relevant sind und welche Bandbreite an Möglichkeiten und Grenzen dazugehört.

Auch dazu einige Beispiele zu Ihrer Orientierung:

Sie haben eine Ausbildung abgebrochen und merken erst jetzt, dass Ihnen damit viele Türen verschlossen bleiben. Vielleicht können Sie etwas nachholen?

Oder es ist Ihnen bewusst, dass Sie unbedingt besser Englisch können müssten. Dann wäre das ein Beitrag für den Faktor »Weiterbildung«.

Oder Sie merken, dass Sie vor dem Schritt in die Führung noch mehr Berufserfahrung sammeln sollten. Dann wäre dazu ein Zwischenschritt notwendig. Und so weiter.

Die Aufzählung erhebt keinen Anspruch auf Vollständigkeit, gegebenenfalls beschäftigen Sie (noch) ganz andere Faktoren als die genannten oder einige sind für Sie nicht (mehr) relevant. – Bitte beachten Sie die Anregungen zur Durchführung nach dieser Liste.

Einflussfaktoren der Zielfindung

- Ausbildung
- Weiterbildung
- Berufserfahrung
- wesentliche Fähigkeiten/Kenntnisse
- Führungserfahrung
- derzeitige Position
- kurzfristig angestrebte Position
- langfristig angestrebte Position
- familiäre Präferenzen
- wirtschaftliche Situation eines Unternehmens
- (Branchen-)Konjunktur
- Image eines Unternehmens
- derzeitiges Gehaltsniveau mit Nebenleistungen

- angestrebtes Gehaltsniveau mit Nebenleistungen
- aktuelles Zeugnis
- frühere Zeugnisse
- Begründung eines Austritts
- körperliche Verfassung
- psychische Verfassung
- persönliche wirtschaftliche Situation
- regionale Präferenzen
- regionale Infrastruktur

Stufen Sie nun zunächst nach Prioritäten ab. Definieren Sie dann für jeden Punkt

- den augenblicklichen *Status* und
- entscheiden Sie, ob eine *Veränderung möglich* ist

Wenn ein Faktor für Sie relevant ist, bestimmen Sie nun

- das *Optimum*,
- die *Mindestanforderung*
- und was Sie für *indiskutabel* halten.

Mit dieser systematischen Erfassung haben Sie eine verlässliche Entscheidungsvorlage in jeder neuen Situation beziehungsweise bei jedem neuen Angebot.

Gemeinsam mit einem professionellen Begleiter lassen sich gegebenenfalls bessere Kompromisse oder ganz neue Alternativen finden, die scheinbar unüberwindliche Gegensätze aufweichen.

Gestatten Sie uns hier bitte nochmals eine Anmerkung:

Überlegen Sie ganz genau, ob eine regionale Veränderung, das heißt ein Arbeitsplatz in größerer Entfernung von Ihrem Wohnort, wirklich ganz und gar unmöglich ist. Wir erleben allzu oft, dass diese Einschränkung im Laufe eines Veränderungsprozesses zugunsten einer größeren Anzahl von Alternativen revidiert wird beziehungsweise wegen fehlender Angebote im Umkreis aufgegeben werden muss.

Schade wäre es dann, wenn vorher bereits die besten Stellen ausgeschlagen wurden. Denken Sie daran: Es gibt noch mehr attraktive Plätze auf der Welt als (nur) Ihren Wohnort!

Einflussfaktor . . . .

Status . . . .

. . . .

. . . .

. . . .

Veränderung möglich? nein ☐ ja ☐

Optimum . . . .

. . . .

. . . .

Mindestanforderung . . . .

. . . .

. . . .

Indiskutabel . . . .

. . . .

. . . .

Einflussfaktor . . . .

Status . . . .

. . . .

. . . .

. . . .

Veränderung möglich? nein ☐ ja ☐

Optimum . . . .

. . . .

. . . .

Mindestanforderung . . . .

. . . .

. . . .

Indiskutabel . . . .

. . . .

. . . .

Einflussfaktor ....

Status ....

....

....

....

Veränderung möglich? nein ☐ ja ☐

Optimum ....

....

....

Mindestanforderung ....

....

....

Indiskutabel ....

....

....

Einflussfaktor . . . .

Status . . . .

. . . .

. . . .

. . . .

Veränderung möglich? nein ☐ ja ☐

Optimum . . . .

. . . .

. . . .

Mindestanforderung . . . .

. . . .

. . . .

Indiskutabel . . . .

. . . .

. . . .

Einflussfaktor . . . .

Status . . . .

. . . .

. . . .

. . . .

Veränderung möglich? nein ☐ ja ☐

Optimum . . . .

. . . .

. . . .

Mindestanforderung . . . .

. . . .

. . . .

Indiskutabel . . . .

. . . .

. . . .

Einflussfaktor . . . .

Status . . . .

. . . .

. . . .

. . . .

Veränderung möglich? nein ☐ ja ☐

Optimum . . . .

. . . .

. . . .

Mindestanforderung . . . .

. . . .

. . . .

Indiskutabel . . . .

. . . .

. . . .

Einflussfaktor . . . .

Status . . . .

. . . .

. . . .

. . . .

Veränderung möglich? nein ☐ ja ☐

Optimum . . . .

. . . .

. . . .

Mindestanforderung . . . .

. . . .

. . . .

Indiskutabel . . . .

. . . .

. . . .

Einflussfaktor . . . .

Status . . . .

. . . .

. . . .

. . . .

Veränderung möglich? nein ☐ ja ☐

Optimum . . . .

. . . .

. . . .

Mindestanforderung . . . .

. . . .

. . . .

Indiskutabel . . . .

. . . .

. . . .

ANSELM GRÜN

Orientierung und Gebet

Wenn ich mich neu orientieren möchte in meinem beruflichen Engagement, ist es gut, all die Faktoren zu berücksichtigen, die Stefan Müller Ihnen zur Betrachtung vorgeschlagen hat. Aber es ist genauso wichtig, die Frage nach der Neuorientierung im Gebet Gott hinzuhalten. Dabei geht es nicht darum, dass Gott mir sofort eine Antwort gibt, was für mich der richtige Weg ist. Ich setze mich vielmehr still vor Gott hin und halte ihm mein Leben hin mit dem, was ich gerade tue, mit meinen Wünschen an die Zukunft, mit meinen Lebensträumen, mit meinen Hoffnungen und mit meinen Zweifeln. Und dann frage ich Gott: »Was sagst du dazu? Was ist dein Wille?« Gott wird mir auf meine Fragen nicht so antworten, dass ich eine Stimme höre. Aber wenn ich meine Überlegungen Gott hinhalte, tauchen in meinem Inneren Gedanken und Gefühle auf. Gerade dann, wenn ich aufhöre nachzugrübeln, was jetzt wirklich für mich das Beste ist, wenn ich meine Zukunft einfach Gott hinhalte, kommen mir oft Ideen, was ich machen könnte und was für mich stimmen würde. Das Gebet ist häufig ein Ort kreativer Lösungen. Denn da denke ich nicht alleine nach, sondern halte meine Gedanken in den Geist Gottes hinein. Und der Geist Gottes ist immer ein kreativer Geist.

In der Stille vor Gott lasse ich einfach die Gefühle und Gedanken in mir hochkommen, ohne mich unter Druck zu setzen. Am Anfang sind es vielleicht wirre und ungeordnete Gedanken und Gefühle. Ich lasse sie einfach in mir entstehen. Aber nach einer Weile versuche ich, die Gedanken und Gefühle anzuschauen und zu befragen. Welche Gedanken bewirken in mir Friede, Lebendigkeit, Weite und Freiheit? Und welche Gedanken erzeugen in mir eher Angst und Enge oder Druck? Die geistliche Tradition spricht von der Unterscheidung der Geister. Wir sollen unsere

Gedanken und Gefühle prüfen, ob sie aus Gott sind oder ob sie von den Dämonen kommen oder ob sie von uns selbst stammen. Psychologisch würden wir das heute anders ausdrücken. Wir prüfen, ob die Gedanken unserem Wesen entsprechen oder ob sie vom eigenen Über-Ich in uns stammen. Gedanken, die von Gott kommen, erzeugen in uns Friede, Lebendigkeit, Lust, Weite, Freiheit und Liebe. Gedanken, die das Über-Ich uns aufdrängt, bewirken in uns Angst und Enge. Sie setzen uns unter Druck. Wir verkrampfen uns innerlich. Manchmal spüren wir vielleicht weder Frieden noch Enge. Dann lassen wir uns Zeit, die verschiedenen Möglichkeiten weiter in uns zu bedenken, ohne uns unter Zeitdruck zu setzen. Gedanken, die von uns selbst stammen, sind unverbindlich. Wir gehen gleichsam mit unseren Gedanken spazieren, wandern von hier nach dort, ohne besonderes Ziel. Wir legen uns nicht fest. Die Gedanken entstehen in uns, aber wir denken nicht bewusst. Wir lenken das Denken nicht selbst, sondern werden von unseren Gedanken gelenkt, oft genug in die Ferne und Unverbindlichkeit hineingeführt, weg von uns selbst. Wir werden entfremdet von unserem wahren Selbst.

Eine Weise des Gebetes ist auch, sich vor Gott die verschiedenen Alternativen vorzustellen. Ich male mir aus, wie es in fünf oder zehn Jahren sein würde, wenn ich diese Stelle übernehme. Was könnte da alles geschehen? Wie würde ich mich fühlen? Welche Bilder tauchen in mir auf? Dann stelle ich mir die andere Alternative vor und male sie mir mit der Phantasie aus, wie das in fünf oder zehn Jahren aussehen würde. Viele bleiben mit ihrem Grübeln vor der Entscheidung stehen. Sie gehen nicht in die Entscheidung hinein. Das Gebet hilft mir, in die Entscheidung hineinzugehen und meine Gefühle, die dann kommen, vor Gott anzuschauen und dann miteinander zu vergleichen. Die Alternative, die in mir größeren Frieden, Lebendigkeit, Freiheit, Weite und Liebe hervorruft, sollte ich dann bevorzugen. Das Gebet hilft uns, zu unterscheiden, was unserem Wesen entspricht und was gegen unser inneres Wesen verstößt.

Noch ein anderer Aspekt wird im Gebet wichtig. Ich bitte Gott um den Segen für meinen Weg. Oft können wir nicht entscheiden, was in uns mehr Frieden und Lebendigkeit erzeugt, welcher Weg für uns wirklich richtig ist. Wenn ich meinen Weg unter den Segen Gottes stelle, wächst in mir das Vertrauen, dass mein Weg in eine gute Richtung geht. Gerade wenn ich vor wichtigen Entscheidungen stehe, bitte ich Gott um seinen Segen. Denn all unsere Überlegungen sind keine Garantie, dass unser Weg wirklich gelingt und dass er unserem Wesen entspricht. Es hängt immer auch von Gottes Segen ab. Ich soll all das überlegen, was in diesem Buch vorgeschlagen wird. Aber zugleich soll ich Gott um seinen Segen bitten, dass meine Überlegungen von seinem Segen begleitet werden, dass mein Weg, den ich einschlagen möchte, unter seinem Segen steht.

Das Gebet um den Segen Gottes ist auch vor Vorstellungsgesprächen wichtig. Manche zerbrechen sich vor einem Vorstellungsgespräch den Kopf darüber, wie sie einen guten Eindruck machen könnten. Es ist gut, nüchtern zu überlegen, was es für ein gutes Vorstellungsgespräch braucht. Aber die Gefahr ist, dass ich mich vor lauter Überlegungen verkrampfe. Ein junger Mann erzählte mir, er hätte im Studium immer die besten Noten gehabt. Aber bei allen Vorstellungsgesprächen sei er gescheitert. Der Grund war: Er hat sich viel zu viel Gedanken darüber gemacht, wie der andere reagieren könnte, wenn er dies oder jenes sagte, oder was für einen Eindruck es machen würde, wenn er dies oder jenes ansprechen würde. Diese fast zwanghaften Gedanken haben ihn völlig blockiert. Er konnte nicht mehr normal und frei sprechen. Und seine Verkrampfungen haben natürlich einen schlechten Eindruck auf die Verantwortlichen in den Firmen gemacht. Da ist es gut, vor dem Gespräch Gott um seinen Segen zu bitten. Dann gehe ich entspannter in das Gespräch. Ich sehe den Gesprächspartner nicht als einen Gegner, den ich überwinden muss, und auch nicht als einen Mächtigen, von dem mein ganzes Schicksal abhängt. Ich werde ihm dann weder unterwürfig noch auftrumpfend begegnen, sondern natürlich. Ich sehe den anderen immer schon als einen gesegneten Menschen. Und dieses Wissen, dass ich zu gesegneten Menschen gehe, verändert meinen Blick und meine innere Haltung. Ich gehe vertrauensvoll in das Gespräch, im Vertrauen, dass da im Gespräch auch Gottes Segen mich und den Gesprächspartner umgibt. Das Gebet um den Segen Gottes schenkt mir Gelassenheit. In solcher Gelassenheit kann ein Gespräch gelingen. Und selbst wenn ein Gespräch dann nicht gelingt, verurteile ich mich selbst nicht und mache mir keine Vorwürfe.

Vielmehr vertraue ich darauf, dass es vom Segen Gottes abhängt, ob es gelingt. Auch wenn ich abgelehnt werde, stehe ich unter dem Segen Gottes. Dann vertraue ich darauf, dass es besser für mich ist, diese Stelle nicht anzutreten. Ich werde die Stelle finden, die mir zum Segen wird und an der ich für andere zum Segen werden darf.

STEFAN MÜLLER

Aufbruch

Wir sind am Ende der beruflichen und persönlichen Standortbestimmung angelangt. Nachzudenken über das Gestern, Heute und Morgen, gegebenenfalls mit einem neutralen, wertschätzenden Gesprächspartner, ist ein Vorgang, den wir von den ersten beruflichen Weichenstellungen an zu einer regelmäßigen Aufgabe für das ganze Leben machen sollten: ein Nachdenken über den zuletzt ausgeübten Beruf, seine Entstehung, seine Entwicklung bis heute, über sich verändernde Motivatoren, die Auswirkungen des bisherigen Handelns, über Alternativen und neue Perspektiven.

Die einmalige Festlegung auf einen beruflichen Pfad fürs Leben wird für die meisten von uns von der rasanten Zunahme und dem Wandel des Wissens, der gehenden und kommenden Berufsbilder und der jeweils neu geforderten fachlichen und persönlichen Qualifikationen ohnehin »überholt«.

Gleichwohl bedeutet das ganz und gar nicht, Gelerntes und Gelebtes einfach über Bord zu werfen. Der Rat, die bis heute erworbenen wertvollen Kenntnisse und Erfahrungen mitzunehmen und in den nächsten Schritt zu integrieren, hat sich immer wieder sehr bewährt. Radikale Schnitte haben oft den Charakter, sich von der Vergangenheit abrupt trennen zu wollen. Das kann zu einer unverarbeiteten Trauer führen, die sich irgendwann und gegebenenfalls auf eine sehr belastende Weise wieder meldet. Dann wird aus dem Schmerz des bewussten Hinschauens und Verabschiedens eine oft viel größere und zu einem späteren Zeitpunkt unkontrollierbar aufbrechende Wunde.

Wenn Sie also Abschied nehmen wollen von Ihrer bisherigen Aufgabe und/oder Arbeitsumgebung, dann tun Sie das bitte weder, indem Sie einfach die Tür zuschlagen und gehen, noch mit einem »Tritt« nach hinten, gar aus dem Gefühl der Rache. Nehmen Sie sich stattdessen Zeit, noch einmal alles zu notieren, was gut war und Ihnen für Ihre berufliche und persönliche Entwicklung weitergeholfen hat. Ich mache das inzwischen auch am Ende eines Jahres mit der überraschenden Erfahrung, dass selbst in einem als schwierig empfundenen Jahr weit mehr Gutes und Wertvolles geschehen ist, als ich zunächst dachte.

Nehmen Sie diese Auflistung dann als Basis Ihrer Dankbarkeit. Diese Dankbarkeit sollten Sie »nach oben« schicken im Gebet, aber auch den Menschen gegenüber äußern, die Ihnen *etwas* Gutes getan haben. Warum ich das Wort »*etwas*« herausstelle? Weil Ihnen sicher nicht jeder nur Gutes getan hat, aber sicher die Wenigsten auch nur Schlechtes. Und weil Sie selbst nicht immer korrekt agiert und reagiert haben und deshalb Vergebung angesagt ist.

Wie sagte Jesus, nachdem er das »Vaterunser« gelehrt hatte: »Denn wenn ihr den Menschen ihre Verfehlungen vergebt, so wird euch euer himmlischer Vater auch vergeben. Wenn ihr aber den Menschen nicht vergebt, so wird euch euer Vater eure Verfehlungen auch nicht vergeben« (Matthäus 6,14–15). Das ist nicht einfach nur eine »christliche Regel«. Es ist eine grundlegende Empfehlung, in der eigenen Seele Frieden zu schließen. In jeder Anklage an den bisherigen Chef, die Kollegen oder Mitarbeiter schwingt immer auch eine Selbstanklage mit, etwas nicht rechtzeitig erkannt zu haben, sich damals falsch entschieden zu haben und so weiter.

Sollten Sie für Ihre berufliche Tätigkeit ein »Weiter so« beschlossen haben, dann bestimmt mit einer neuen Sicherheit für die Richtigkeit dieser Entscheidung. Daraus resultiert neuer Schwung und neues Selbstbewusstsein. Eine Kurskorrektur da und dort, mehr Selbstwahrnehmung, ein anderer Blick auf Vorgesetzte, Kollegen oder Mitarbeiter und eine neue Haltung zur eigenen Arbeit kann dabei Ihren Erfolg sicher noch verstärken.

Sollten Sie die Richtung ändern wollen, dann bedenken Sie bitte bei jedem einzelnen Schritt zum neuen Ziel immer wieder alle Faktoren, die Ihre Entscheidungen beeinflussen (sollten). Eine neue Perspektive stimuliert oft ungeheuer, beinhaltet aber auch die Gefahr einer Euphorie, die zunächst blind macht für die kritischen Aspekte.

Wir erleben oft, dass Menschen mit einer neuen beruflichen Perspektive umgehen wie mit der ersten Liebe. Vor lauter Begeisterung für das Neue, Faszinierende, Unbekannte, im Falle einer angebotenen Stelle nicht zuletzt angesichts vielversprechender Schilderungen der um Sie werbenden Gesprächspartner, scheint es nichts Besseres zu geben, als genau zu diesem »neuen Ufer« aufzubrechen. Der zumindest in Zentral- und Nordeuropa zunehmende Mangel an qualifizierten Fach- und Führungskräften bringt es mit sich, dass immer eifriger um Mitarbeiter geworben wird und dabei durchaus auch geschönte Bilder, Botschaften und Lockmittel eingesetzt werden. Das sorgfältige Fragen und genaue Hinschauen lohnt sich also allemal.

Aber es gibt noch einen Aspekt auf Ihrer Seite, der einer besonderen Aufmerksamkeit bedarf. Vielleicht kennen Sie das Phänomen, wenn sich in Ihrem Bekannten-, Freundes- oder Verwandtenkreis Paare trennen, die vorher mehr oder minder lange zusammen waren: Sie bekommen erklärt, dass man sowieso nie so ganz zueinander gepasst habe, dass man sich auseinanderentwickelt hätte, dass der Partner sich so merkwürdig verändert habe und so weiter. Einige Zeit später werden Ihnen auf beiden Seiten die neuen Partner vorgestellt, und Sie trauen Ihren Augen und Ihrer Wahrnehmung kaum: Beide Seiten haben sich eine Kopie des früheren Partners »geangelt«. Die gleichen Muster, der gleiche Typ, manchmal gar ein vergleichbares Berufsbild begegnet Ihnen da, und Sie denken ganz für sich, dass die früheren Partner unter diesen Umständen ebenso gut hätten beieinander bleiben können. Hoffentlich gehen dann manche in der neuen Partnerschaft endlich die Themen an, die sie in der früheren (bei sich!) verdrängt hatten.

Ein vergleichbares Phänomen finden wir oft bei beruflichen Wechseln, wenn vorherige Stationen konfliktbeladen waren oder gar gescheitert sind. Wie um zu beweisen, dass es *an mir* nicht liegen konnte, ziehen viele bei der Neuorientierung dieselbe Arbeitskonstellation, einen ähnlichen Charakter von Chef, vergleichbare Teamstrukturen und so weiter magisch an. Und sie erleben nach einer Phase der Faszination des Neuen und der Annäherung wieder wohl bekannte Verhaltensweisen bei sich und in der neuen Umgebung.

Für viele wäre eine Übung aus der »transparenten« beziehungsweise gewaltfreien« Kommunikation dabei sehr hilfreich: Immer wenn ich beim anderen bin, immer wenn ich dort den Grund der Probleme, Missverständnisse und Konflikte suche, sollte ich erst einmal zurückkehren in mein eigenes inneres Zuhause und fragen, welche Prägungen, Erfahrungen oder Verletzungen bei mir berührt werden, warum gerade ich auf bestimmte Impulse so heftig reagiere, weshalb ich mich in bestimmten Situationen angegriffen oder missachtet fühle. Für diese Betrachtung lohnt sich der sorgfältige Blick auf die bisher gemachten Erfahrungen und eine ehrliche Aufarbeitung in eigener Sache. Erst dann ist der Blick frei für den nächsten Schritt, erst dann vermeide ich Wiederholungsfehler, erkenne eher die tatsächliche Absicht des anderen, bin aber gegebenenfalls auch in der Lage, mit (scheinbar) bekannten Bildern achtsamer und sorgfältiger umzugehen.

Wir stellen unseren Klienten oft die (grammatikalisch nicht ganz einwandfreie, aber eingängige) Frage: »Gehen Sie wo weg oder gehen Sie wo hin?« Anders formuliert: Sind Sie gerade (nur) auf der Flucht oder auf dem Weg zu einem neuen Ziel?

Nach dieser beruflichen und persönlichen Standortbestimmung sollten Sie auf diese Fragen eine eindeutige Antwort haben. Wenn das noch nicht der Fall ist, bitten wir Sie, nochmals zurückzugehen und mit jenen Kapiteln weiterzuarbeiten, die Sie bisher vielleicht nicht intensiv und selbstkritisch genug behandelt haben.

Wenn Sie dann Gespräche mit potenziellen künftigen Partnern, Vorgesetzten, Kollegen und (sehr empfehlenswert!) künftigen Mitarbeitern führen, werden Sie die kleinen versteckten Signale, die kritischen Wahrnehmungen, die Beobachtungen und Gefühle nicht mehr verdrängen (»Verstand an Seele: Ruhe da unten!«), sondern ganz besonders ernst nehmen und konsequent behandeln. Sie werden so lange nachfragen, bis Sie auf alles eine rundum befriedigende Antwort bekommen haben oder am Unmut Ihrer Gesprächspartner merken, dass genau da das Problem liegt.

Viele Bewerber kommen nicht auf Augenhöhe zu einem Gesprächspartner, weil sie keinen klaren eigenen Standpunkt haben, weil sie die Fragen »Wer bin ich?«, »Was kann ich?« und »Was will ich?« nicht beantwortet haben. Stattdessen nehmen sie eine gebückte Haltung ein (»Bitte, nimm mich doch«) und erreichen gerade dann, dass ihre Interessen und Bedürfnisse bei Weitem zu kurz kommen. Sie erleben kein Gespräch, sondern ein Verhör, sie werden gefragt und hören am Schluss vielleicht mit einem Blick auf die abgelaufene Zeit den Satz »Haben Sie *auch noch* eine Frage?«, obwohl sie bisher noch nichts gefragt haben und jetzt eigentlich eine Menge auf dem Herzen hätten.

Hier liegen die Wurzeln für künftige Enttäuschungen. Ein Beispiel dazu: Klienten schildern uns immer wieder Vorstellungsgespräche in Familienunternehmen, bei denen sie nur einer Generation oder einer Person der Gesellschafter oder Geschäftsführer begegnen, obwohl die Verantwortung formal auf mehreren Schultern ruht. Wenn sie dann nach den weiteren Personen fragen oder um Gespräche mit den anderen bitten, wird dieses Anliegen mit einer nebensächlichen Begründung abgetan. Darin könnte bereits der Anfang vom Ende für den Externen liegen: Zwischen alle familiären Mühlsteine zu geraten oder plötzlich zu erleben, wie die eigentlich zerstrittenen Familienmitglieder zusammenrücken, wenn für Fehler jemand außerhalb der Familie verantwortlich gemacht werden kann, ist eine sehr schmerzhafte Erfahrung.

Immer dann, wenn Gesprächspartner ausweichend antworten, immer dann, wenn Zuständigkeiten noch nicht geregelt sind oder nicht genannt werden, ist größte Vorsicht geboten. Grundsätzlich gilt, dass jede Unklarheit und jedes nicht besprochene Thema später zum Problem werden wird.

Bleiben Sie bitte nach einer so gründlichen Betrachtung in Ihrer beruflichen Orientierung konsequent. Immer dann, wenn Sie sich einem Stellenangebot beziehungsweise einer Aufgabe gegenüber sehen, sollten Sie zurückkehren zu Ihren Erkenntnissen dieser Standortbestimmung. Prüfen Sie dann bitte ganz genau, ob diese berufliche Perspektive mit Ihren Festlegungen übereinstimmt, welche Kompromisse Sie gegebenenfalls machen müssten mit welchen Folgen, ob Sie gar selbst gesteckte Grenzen überschreiten und sich selbst untreu werden würden.

Für viele Menschen ist Ungewissheit ein schwer ertragbarer Zustand. In solchen Phasen ist man besonders gefährdet, diesen Zustand durch eine rasche, möglicherweise aber nicht durchdachte Zusage auf das erstbeste Angebot zu beseitigen. Aus der Verdrängung des »kleinen Schmerzes« der

Ungewissheit wird dann aber oft ein »großer Schmerz« der Fehlentscheidung, die mit Enttäuschungen und beruflichen Rückschlägen einhergeht. Solche (Fehl-) Etappen sind demotivierend und lassen manchen an sich selbst zweifeln. Am Arbeitsmarkt sind sie zudem schwierig erklärbar, was deren Korrektur nicht einfacher macht.

Wenn aber alle Fragen positiv beantwortet sind und Sie ein durchgängig gutes Gefühl haben, dann treffen Sie bitte auch eine klare Entscheidung und bleiben dabei. Wer immer weitergrübelt, ob es nicht vielleicht doch noch eine bessere Alternative geben könnte (oder gegeben hätte), und in Gedanken nicht ganz bei seinem neuen Ziel ankommt, kann seine Kapazitäten nie ganz einbringen, denn es bleibt immer ein emotionaler Abstand. Das spüren dann Vorgesetzte, Kollegen und Mitarbeiter ebenso wie Geschäftspartner und Kunden.

Rückschläge kommen bei jedem, in jeder neuen Tätigkeit, in neuen Aufgaben und neuen Personenbeziehungen. Eine klare innere Haltung führt am Ende aber auch zu einer entsprechenden Resilienz, also einer Widerstandsfähigkeit gegenüber Störungen und einer Stabilität in den üblichen Höhen und Tiefen des beruflichen Alltags.

Sich selbst treu werden und treu bleiben ist die wichtigste Voraussetzung für einen gelingenden beruflichen Weg. Dabei geht es nicht um Unbeweglichkeit und Beharrungsvermögen in einer sich wandelnden Umgebung. Es geht vielmehr darum, die eigene Persönlichkeit zu kennen, Ihre Möglichkeiten auszuschöpfen, aber auch Ihre Grenzen zu respektieren und auf diese Weise »die richtige Person zur richtigen Zeit am richtigen Platz zu sein«.

Wir wünschen Ihnen jedenfalls nachhaltige berufliche und persönliche Zufriedenheit!

ANSELM GRÜN

Neuorientierung

Jeder Mensch hat das Bedürfnis, sich von Zeit zu Zeit neu zu orientieren. Das Wort »orientieren« kommt vom »Orient«, vom Osten, in dem die Sonne aufgeht. Ich möchte mich also vergewissern, wo die Sonne aufgeht. Das ist nicht nur wichtig, damit ich meinen Weg finde, damit ich mich neu zurechtfinde auf meinem Weg. Es ist auch ein schönes Bild für jede Neuorientierung. Ich möchte, dass die Sonne über meinem Leben neu aufgeht, dass mein Leben heller und klarer wird, dass neue Hoffnung, neue Wärme, neue Liebe hineinkommt. Wo die Sonne aufgeht, bricht ein neuer Tag an. Da entstehen neue Möglichkeiten in meinem Leben.

Manche meinen, es würde genügen, sich ein für allemal für einen Beruf und eine Richtung im Leben zu entscheiden. Es ist sicher gut, seinem Leben durch eine klare Entscheidung eine Richtung zu geben. Aber auf dem Weg kommen wir oft wieder ab von dem, was wir eigentlich mit unserer Entscheidung erreichen wollten. Die Entscheidung will uns helfen, unseren Lebenstraum zu verwirklichen. Aber manchmal haben wir den Eindruck, dass wir den ursprünglichen Lebenstraum noch nicht ganz verstanden und verwirklicht haben. In unserem Lebenstraum gibt es Potenziale, die noch nicht gehoben sind. Wir haben gedacht, mit diesem Beruf bei dieser Firma unseren Lebenstraum zu verwirklichen. Aber dann spüren wir, dass in unserem Lebenstraum noch mehr steckt.

Entscheidend ist, dass wir bei jeder Neuorientierung immer wieder an den Ursprung zurückgehen: Was will ich eigentlich mit meinem Leben? Welche Spur möchte ich eingraben in diese Welt? Was war mein Lebenstraum, den ich schon als Kind geträumt habe? Habe ich diesen Traum schon erfüllt? Oder verlangt er nach einer Neuorientierung? Bei aller Neuorientierung braucht es in meinem Leben trotzdem einen roten Faden, eine innere Kontinuität. Die äußere Gestaltung des Lebenstraumes kann zerbrechen, indem ich zum Beispiel in diesem Beruf oder an dieser Stelle nicht weiterarbeiten kann. Aber die Essenz des Lebenstraumes kann nicht zerbrechen. Und wenn ich das Gefühl habe, dass mein Leben ins Stocken geraten ist, dann ist das eine Einladung nachzuspüren, was denn die Essenz meines Lebenstraumes ist. Was wollte ich wirklich mit meinem Leben verwirklichen?

Stefan Müller hat Sie ermutigt, bei der Entscheidung zu bleiben, die Sie getroffen haben. Das möchte ich unterstreichen. Ich erlebe viele Menschen, die sich nicht entscheiden können. Und wenn sie sich entschieden haben, dann überlegen sie ständig, ob es nicht besser gewesen wäre, sich anders zu entscheiden. Es gibt aber keine absolut richtige Entscheidung. Thomas von Aquin, der mittelalterliche Theologe und Philosoph, meint, es gäbe nur kluge Entscheidungen.

Klug sind die Entscheidungen, die einen neuen Horizont eröffnen. Aber jede Entscheidung **für** etwas ist immer auch eine Entscheidung **gegen** etwas. Und das, wogegen ich mich entschieden habe, muss ich betrauern. Ich muss mich verabschieden von der Idee, diesen anderen Weg jetzt gehen zu können. Nur wenn ich das Abgewiesene betrauere, kann ich mit vollem Herzen den Weg gehen, für den ich mich entschieden habe.

Viele betrauern aber nicht die entgangene Möglichkeit, sondern sie trauern ihr nach. Und das Nachtrauern lähmt sie auf ihrem Weg. Jesus sagt: »Keiner, der die Hand an den Pflug gelegt hat und nochmals zurückblickt, taugt für das Reich Gottes.« (Lukas 9,62) Wer ständig zurückschaut, der ist nicht offen für das, wofür er sich entschieden hat. Seine Ackerfurche wird durch das Zurückschauen krumm. Und er kommt nicht wirklich voran. Auf dem Acker seiner Seele wird keine Frucht wachsen. Das Zurückschauen behindert die Frucht, die unser Leben bringen sollte.

Jesus sagt dieses Wort vom Zurückschauen zu einem jungen Mann, der ihm zwar folgen, aber vorher noch Abschied von seiner Familie nehmen wollte. Er wollte seinen persönlichen Weg gehen. Aber zugleich wollte er, dass alle ihn gutheißen. Wenn ich dem Jesus in mir, wenn ich meiner inneren Stimme, meinem Herzen, folge, dann darf ich nicht zugleich wollen, dass alle meine Entscheidung gutheißen. Meine Entscheidung führt mich immer auch in die Einsamkeit. Letztlich muss ich – trotz aller Beratung und Begleitung durch andere – allein vor Gott meine Entscheidung treffen und dann darauf vertrauen, dass Gott diese Entscheidung segnet.

So wünsche ich Ihnen den Mut zur Entscheidung und dann das Vertrauen, dass diese Entscheidung Sie in neue Möglichkeiten hineinführt und für Sie zum Segen wird. Bitten Sie Gott um Segen für Ihre Entscheidung. Dann wird dieser Weg für Sie zum Segen werden, auch wenn er Sie durch manche Täler und Schluchten hindurchführt. Und Sie werden selbst auf diesem Weg zum Segen werden für viele.